「政策保有株式」に関する開示規制の再構築について
（平成31年3月15日開催）

報告者　加　藤　貴　仁
（東京大学大学院法学政治学研究科教授）

目　次

Ⅰ．はじめに……………………………………………………………………… 1
Ⅱ．政策保有株式に関する開示規制の変遷………………………………… 4
　　1．2010年3月の企業内容等開示府令の改正 ………………………… 4
　　2．ダブルコードの時代における政策保有株式の位置付け…………… 5
　　3．政策保有株主を対象とした規制の導入……………………………… 9
　　4．小括……………………………………………………………………10
Ⅲ．政策保有株式を対象とした規制の再構築の試み………………………11
　　1．方向性…………………………………………………………………11
　　2．資本政策と政策保有株式の保有……………………………………12
　　3．買収防衛策と政策保有株式・政策保有株主………………………14
Ⅳ．今後の課題…………………………………………………………………17

討　　議…………………………………………………………………………19
報告者レジュメ…………………………………………………………………44
資　　料…………………………………………………………………………65

金融商品取引法研究会出席者（平成 31 年 3 月 15 日）

報　告　者　加　藤　貴　仁　　東京大学大学院法学政治学研究科教授

会　　　長　神　作　裕　之　　東京大学大学院法学政治学研究科教授
会長代理　　弥　永　真　生　　筑波大学ビジネスサイエンス系
　　　　　　　　　　　　　　　　　　ビジネス科学研究科教授
委　　　員　飯　田　秀　総　　東京大学大学院法学政治学研究科准教授
　　〃　　　大　崎　貞　和　　野村総合研究所未来創発センターフェロー
　　〃　　　尾　崎　悠　一　　首都大学東京大学院法学政治学研究科
　　　　　　　　　　　　　　　　　　法学政治学専攻准教授
　　〃　　　河　村　賢　治　　立教大学大学院法務研究科教授
　　〃　　　小　出　　　篤　　学習院大学法学部教授
　　〃　　　武　井　一　浩　　西村あさひ法律事務所パートナー弁護士
　　〃　　　中　東　正　文　　名古屋大学大学院法学研究科教授
　　〃　　　藤　田　友　敬　　東京大学大学院法学政治学研究科教授
　　〃　　　松　井　智　予　　上智大学大学院法学研究科教授
　　〃　　　松　井　秀　征　　立教大学法学部教授
　　〃　　　松　尾　健　一　　大阪大学大学院高等司法研究科准教授
　　〃　　　松　尾　直　彦　　東京大学大学院法学政治学研究科客員教授・弁護士
　　〃　　　宮　下　　　央　　ＴＭＩ総合法律事務所弁護士

オブザーバー　鎌　塚　正　人　　ＳＭＢＣ日興証券法務部長
　　〃　　　陶　山　健　二　　みずほ証券法務部長
　　〃　　　本　井　孝　洋　　三菱ＵＦＪモルガン・スタンレー証券法務部長

研　究　所　増　井　喜一郎　　日本証券経済研究所理事長
　　〃　　　大　前　　　忠　　日本証券経済研究所常務理事

（敬称略）

「政策保有株式」に関する開示規制の再構築について

神作会長　まだお見えでない方もいらっしゃいますけれども、定刻になりましたので、ただいまから第8回金融商品取引法研究会を始めさせていただきます。

　本日は、既にご案内させていただいておりますとおり、加藤貴仁先生から「『政策保有株式』に関する開示規制の再構築について」というテーマでご報告をいただくこととなっております。

　それでは、加藤先生、ご報告よろしくお願いいたします。

［加藤委員の報告］

Ⅰ．はじめに

加藤報告者　それでは、席上配付資料の「『政策保有株式』に関する開示規制の再構築について」（以下、「資料」という）に沿って、報告させていただきます。

　2018年6月1日、2017年5月29日に行われたスチュワードシップ・コードの改訂に続き、コーポレートガバナンス・コードが改訂されました。また、コーポレートガバナンス・コードの改訂と同じ日に、金融庁によって、投資家と企業の対話ガイドラインが公表されました。対話ガイドラインは、スチュワードシップ・コード及びコーポレートガバナンス・コードのフォローアップ会議の提言に基づき、金融庁が公表したものです。その内容は、スチュワードシップ・コード及びコーポレートガバナンス・コードの実効的なコンプライ・オア・エクスプレインを促すため、機関投資家と企業の対話において重点的に議論することが期待される事項を取りまとめたものと説明されています。

　コーポレートガバナンス・コードの改訂の対象となった事項には、さまざ

まな事項が含まれますが、本稿では、政策保有株式に関する事項に注目したいと思います。政策保有株式という用語自体は、企業内容等の開示に関する内閣府令などの法令で用いられているわけではなく、改訂前のコーポレートガバナンス・コードでは、「いわゆる政策保有株式」と表記されていました。コーポレートガバナンス・コードと対話ガイドラインに関する金融庁の担当者の説明では、政策保有株式の意味するところは、資料の1ページから2ページのように説明されています。

我が国の株式保有構造の特徴として、上場会社Aが業務提携などを目的として、他の上場会社Bの株式を保有することが広く行われてきたことを挙げることができます。コーポレートガバナンス・コードや対話ガイドラインの用語法に従うと、A社によるB社株式の保有は、投資収益の獲得を目的とするものではありませんから、A社が保有するB社株式は政策保有株式となり、B社にとってA社は政策保有株主となるわけです。そしてA社がB社の株式を保有するだけではなく、B社もA社の株式を保有する場合、A社とB社は株式の持ち合いを行っているということになります。

政策保有株式という用語が使用されているわけではありませんが、2010年3月に行われた企業内容等開示府令の改正により、純投資以外の目的で保有する投資株式に関する事項が有価証券報告書の記載事項となりました。

改訂前のコーポレートガバナンス・コードは、「いわゆる政策保有株式」に関する規定を設けることにより、政策保有株式は上場会社と機関投資家の対話の対象とされるべき事項であると位置づけたことになります。前述した2018年のコーポレートガバナンス・コードの改訂及び対話ガイドラインの制定は、フォローアップ会議によって、政策保有株式に関する問題が対話によって未だ十分に解決されていないと判断されたことに基づくのだろうと思います。

また、コーポレートガバナンス・コードの改訂及び対話ガイドラインの策定と平仄を合わせて、金融審議会ディスクロージャーワーキンググループは、2018年6月28日、有価証券報告書において、上場会社が開示しなければな

らない政策保有株式に関する情報を拡充することを提案しました。コーポレートガバナンス・コードは、改訂の前後を通じて、政策保有株式に関する一定の情報の開示を上場会社に求めていました。このような情報に基づき、上場会社と機関投資家の対話が行われることが想定されていたわけです。

ディスクロージャーワーキンググループの提案は、金融商品取引法の開示規制を通じて、上場会社と機関投資家の対話の実質化を図ることを企図していることになります。そして、ディスクロージャーワーキンググループによる提案に基づき、同年11月2日に企業内容等開示府令の改正案が公表され、パブリックコメントを経て、2019年1月31日に公布・施行されました。

2018年6月に行われたコーポレートガバナンス・コードの改訂と対話ガイドラインの策定、そして2019年1月に行われた企業内容等開示府令の改正は、2010年3月の企業内容等開示府令の改正に始まるこれまでの政策保有株式に関する規制の延長線上にあるように思われます。すなわち、上場会社に対して一定の情報を開示することを求めた上で、資本市場の規律、すなわち、証券市場における取引及び上場会社と機関投資家の対話によって、政策保有株式の数を可能な限り減少させることが企図されているということです。

しかし、このような相次ぐ改正が必要となったことは、これまでの規制の枠組みを維持した上で、政策保有株式の数を減少させるために新たな仕組みを設けることの限界を示しているようにも思われます。また、前述した政策保有株式の定義にはさまざまな株式保有の形態が含まれているため、その全てを一律に減少させることが望ましいとは限らないように思います。

政策保有株式は法令で用語が定義されているわけではありませんけれども、規制対象を画する概念ですから、その内容は可能な限り明確であることが望ましいと思います。確かに「企業が純投資以外の目的で保有している株式」という定義は、一見すると明確なようにも思います。しかし、このように定義された政策保有株式の中には、種々雑多なものが含まれることになる結果、規制の実効性を減少させている可能性はないでしょうか。別の言い方

をすれば、政策保有株式の中には、それぞれ別の方法によって規制したほうが望ましい問題が含まれているのではないかということです。

そこで、本報告では、これまでの政策保有株式に関する規制の変遷を振り返り、その規制枠組み自体の合理性の再検討を行うことを試みたいと思います。

資料の2では、2010年3月の企業内容等開示府令の改正から2019年1月の企業内容等開示府令の改正までを振り返り、政策保有株式に関する規制には複数の目的が含まれており、かつ、その間で重点の置き方にも変遷が見られることを指摘します。

引き続き、3では、1つの制度によって複数の目的を同時に達成するのではなく、それぞれの目的の達成に適した制度、対応の仕方が存在するのではないかとの観点から、政策保有株式に関する規制の再構築を試みたいと思います。

4は、今後の課題となるのですが、特に現在の政策保有株式に関する規制の枠組みは、パッシブ運用の機関投資家を前提としなければうまく機能しない面があると思うのですけれども、昨今話題になっております東京証券取引所の市場区分の見直しによって、その前提が崩れる可能性のあることを指摘したいと思います。

Ⅱ．政策保有株式に関する開示規制の変遷

1．2010年3月の企業内容等開示府令の改正

2010年3月に行われた企業内容等開示府令の改正により、上場会社はみずからが保有する政策保有株式の内容を有価証券報告書で開示することが求められるようになりました。有価証券報告書において政策保有株式に関する情報の開示は、「コーポレートガバナンスの状況」に関する記載事項の1つとして位置づけられており、銘柄数と貸借対照表計上額の合計額や貸借対照表計上額が資本金額の1％を超える株式については具体的な保有目的を開示することが要求されることになりました。

同改正は、資料の1で述べた資本市場の規律によって、政策保有株式の数を減少させるという政策を明示的に採用するものであったと思われます。ただし、同改正は、金融審議会金融分科会・我が国金融・資本市場の国際化に関するスタディグループの提言に基づくものであり、スタディグループの報告書は、政策保有株式ではなく、株式の持ち合いを対象とした規制の導入を提言するものでありました。提言の内容については資料の5ページを参照してください。

　スタディグループの提言に基づく開示規制の導入は、株式持ち合いを対象とした会社法の規制を補完するものであったように思われます。会社法の規制の概要については、資料の5ページから6ページで紹介していますが、端的に言えば、余り実効性がある規制ではないという評価が一般的であったと思います。

2．ダブルコードの時代における政策保有株式の位置付け

　以上に述べた改正の経緯を踏まえると、2010年3月の企業内容等開示府令の改正の目的には、株式持ち合いの状況を明らかにすることが含まれていたように思われます。ところが、実際に有価証券報告書において開示が要求されているのは、上場会社が保有している政策保有株式のみでした。ある上場会社のコーポレートガバナンスに関する情報として、その株主の中に政策保有株主が占める割合や株式持ち合いの規模も重要であると思われるのですけれども、これらの情報は開示規制の対象とはされませんでした。

　2015年に策定されたコーポレートガバナンス・コードにも政策保有株式に関する規定がありますが、同様に、2010年3月の企業内容等開示府令の改正と同じく、上場会社が保有する政策保有株式を対象としたものにその内容はとどまっていました。策定時のコーポレートガバナンス・コード、【原則1－4】ですけれども、その内容は資料の6ページを参照してください。

　前述したスタディグループの株式持ち合いに対する評価は、コーポレートガバナンス・コードの策定に際しても基本的に引き継がれていたように思わ

れます。そしてコーポレートガバナンス・コードは、上場会社による政策保有株式の一方的な保有によって生じる問題だけではなくて、株式持ち合いによって生じる問題にも対処しようとしていたように思われます。しかし、コーポレートガバナンス・コードは、上場会社の行動を規律の対象とするものですから、上場会社が政策保有株式を保有することによって、当該上場会社に生じる問題に焦点が当てられやすい構造になっていたように思います。

　金融庁におけるコーポレートガバナンス・コード策定時の担当者の解説においても、【原則1－4　いわゆる政策保有株式】を設ける根拠として、上場会社の資本がいわゆる本業に直接投資されるのではなく、他の上場会社株式の投資に充てられる場合（しかも、投資の直接的なリターンを追求する通常の純投資ではない場合）、いわば上場会社の外側について情報の非対称性のもとに置かれている株主や投資家にとっては、そのような投資に事業上どのような意味合いがあるのかが必ずしも明確とならないという構造が存在することが挙げられていました。

　上場会社が政策保有株式を保有することによって、当該上場会社に生じる問題とは、結局は、上場会社が政策保有の目的で他の上場会社の株式を取得・保有することは、株主資本コストを下回る便益しか期待できない可能性が高いということだと思います。株主資本コストとは、投資者が株式投資に期待する収益率を、投資先である上場会社の立場から表現したものだと私は理解しています。したがって、資本コストを下回る便益しか得ることが期待できないにもかかわらず、政策保有株式の保有を継続することは上場会社の取締役が株主利益の最大化及び企業価値の最大化の観点からは正当化できない行動をとっているということを意味します。しかし、取締役がこのような行動をとる可能性は、政策保有株式に関してのみ存在するというわけではなくて、いわゆる余剰資金（フリーキャッシュフロー）の使途一般に存在するように思います。

　なお、資料の注の14にありますとおり、英語版のコーポレートガバナンス・コードではcross-shareholdingsという用語が規定されていることから、こ

こでは日本語版と言っているわけですが、日本語版のコーポレートガバナンス・コードには、株式持ち合いに明示的に言及する規定は存在しないのですけれども、スタディグループが指摘した株式持ち合いの問題は、現存する株式持ち合いにおいても存在するように思われます。

　特にいわゆる議決権の空洞化という問題は、ダブルコードの時代において、ダブルコードが機能する条件と密接に関係しているように思われます。ダブルコードは、上場会社と機関投資家の間で実質的な対話が行われることを重視しています。ところが、株式持ち合いの存在は、資料の7ページ以下で論じているとおり、機関投資家が対話を通じて上場会社の経営を変化させることができる可能性に影響を与えます。そして、このような問題は株式持ち合いに限ったものではなくて、政策保有株主による議決権行使というか、政策保有株主の存在一般にかかわってくると思います。

　例えば上場会社Aと上場会社Bが株式持ち合いを行っていたとします。株式持ち合いの目的を問わず、A社はB社の株式について、B社の経営者に友好的に議決権を行使し、B社はA社の株式について、A社の経営者に友好的に議決権を行使する可能性が高いように思われます。なぜなら、仮にA社の経営者が、B社の経営者に対して、敵対的な態度で議決権を行使する場合、B社の経営者は、報復措置としてA社の経営者に敵対的な形で議決権を行使することができるからです。その結果、A社のB社株主としての行動は、B社株式の価値最大化及びB社の企業価値最大化から乖離することになります。B社のA社株主としての行動も同様です。

　株式持ち合いによる議決権の空洞化は、株主が株主として行動する際に、株式価値の最大化及び株式の発行会社の企業価値の最大化とは異なる観点から行動するという問題の一類型ということになります。類似の問題は、株式持ち合いではなく、A社が一方的にB社株式を政策保有株式として保有する場合にも生じる可能性があります。例えばA社がB社株式を保有する目的が業務提携を円滑に進めることにあるならば、A社はB社株式の議決権を行使する際に、B社の経営者に対して友好的な立場をとる場合が多いように思い

ます。

　確かに株主としての経済的利益の最大化とは別の目的で株式を保有することは禁止されていません。しかし、このような目的で株主となる者が増加することは、資料の８ページ以下で論じているとおり、スチュワードシップ責任を果たすための機関投資家の活動、これはスチュワードシップ活動と呼ばれているわけですけれども、その費用を増加させる可能性があります。

　機関投資家が単独で、または集団的に投資先に働きかけたとしても、上場会社の現在の経営者を支持する株主の数が多ければ、機関投資家による働きかけは成功しません。なぜなら、経営者は機関投資家の要望を聞き入れなくても、株主総会で再任される可能性が高いからです。このような株主の多くが株主利益最大化の観点から現在の経営者を支持しているのであれば、機関投資家の働きかけが成功しなかったことは問題ではありません。

　ある機関投資家が、他の株主から支持を得ることができなかったということは、株主利益最大化の観点から見て、その機関投資家の提案は、現在の経営方針より劣っていたことを意味するからです。しかし、現在の経営者が再任される要因が、政策保有株主を初めとする株主としての経済的利益の最大化とは別の目的で株式を保有する者の支持によるものであれば、企業価値及び株主利益最大化に資するようなスチュワードシップ活動が成功しなかった可能性が存在することになります。

　スチュワードシップ活動がその内容のよしあしとは別の理由で失敗する可能性が存在する場合、機関投資家にとってはスチュワードシップ活動ではなく、投資先の変更を選択することが最終受益者の利益最大化の観点からは望ましいことになります。投資先の変更を選択したほうが望ましい場合が多くなれば、機関投資家が投資先企業と建設的な対話を行うために必要な情報収集及び専門知識の習得のための投資を行わないことも、最終受益者の利益最大化の観点から合理的な行動となってしまいます。

　機関投資家がいわば対話に必要な投資をしなくなれば、当然、機関投資家の対話の質も落ちてくるので、ますます上場会社も機関投資家と真摯に対応

しなくなるという悪循環が生じる可能性があると思います。

3．政策保有株主を対象とした規制の導入

　このように、株式持ち合い及び政策保有株主の存在は、ダブルコードが前提とする上場会社と機関投資家の対話の実効性に影響を与える可能性があります。したがって、ダブルコードによって我が国の上場会社のコーポレートガバナンスの改革を志向する立場からは、株式持ち合い及び政策保有株主の存在は対処すべき課題として位置づけられることになります。

　2018年6月1日に改訂されたコーポレートガバナンス・コードは、上場会社が保有する政策保有株式だけではなくて、資料の9ページで紹介するとおり、株式を政策保有株主に保有させていることに関連した規定を新たに導入しました。規定の内容については資料の9ページを参照してください。

　また、コーポレートガバナンス・コードの改訂と同時に行われた対話ガイドラインの中にも、「政策保有株主との関係」との題目のもとで、改訂後のコーポレートガバナンス・コードと同趣旨の規定が存在します。この規定の内容についても資料の8ページを参照してください。

　コーポレートガバナンス・コードの改訂も対話ガイドラインの策定もフォローアップ会議の提言に基づくものです。フォローアップ会議の政策保有株式に対する認識は、やはりスタディグループの報告書から実質的には変わっていないように思われます。しかし、これまでは株式を政策保有することを対象とした規制に重点が置かれていたのに対して、株式を政策保有させていることを規制対象とする必要性にも言及がなされている点は、注目に値するように思われます。

　2018年6月28日に公表されたディスクロージャーワーキンググループの報告書でも、有価証券報告書において、上場会社の株主に占める政策保有株主の割合などを開示事項として追加することが提案されました。その内容については資料の10ページを参照してください。

　この提案に基づき、2019年1月に施行された企業内容等開示府令では、

新たに有価証券報告書の提出会社に対して、保有する政策保有株式の発行者が当該提出会社の株式を保有しているか否かを開示することが求められるようになりました。

4．小括

　2010年3月の企業内容等開示府令によって、政策保有株式を対象とした開示規制が導入されましたが、同改正が依拠したスタディグループの報告書は、株式持ち合いに関する規制を提言していました。

　このような経緯を踏まえると、先に述べたとおり、2010年3月の企業内容等開示府令は、上場会社に対して政策保有株式を保有することの合理性を株主などに説明することを義務づけることによって、企業価値最大化の観点からは正当化できない株式持ち合いの規模を減らすことを目的としていたと理解することが適切であるということになります。

　ただし、株式持ち合いを伴わない一方的な政策保有株式の保有も開示規制の対象となっていたため、それ以降、株式持ち合いの合理性というよりは、政策保有株式を保有することの合理性が問われるようになったように思われます。株式持ち合いと政策保有株式には、株主が株主として行動する際に、株式価値の最大化及び株式の発行会社の企業価値の最大化とは異なる観点から行動するという共通した問題を抱えているわけですけれども、異なる点もあるように思われます。

　例えば株式持ち合いには、上場会社の経営者がentrenchmentの手段として行う危険性が常に存在するのですけれども、上場会社が政策保有株式を一方的に保有することは、少なくとも保有する側にとってentrenchmentが主たる目的とはならないと思います。したがって、政策保有株式を開示規制の対象とするとしても、一方的な政策保有株式の保有と株式持ち合いとしての保有には重要な差異があるように思います。この点を踏まえて両者を区別することが望ましいと思うのですけれども、2019年1月の企業内容等開示府令は、このような観点からも合理性が認められるのではないかと思います。

次に、機関投資家と上場会社が一方的な政策保有株式の保有と株式持ち合いを対象とした対話を行う場合に、考慮すべき要素が異なる可能性はないかといった点も検討する必要があると思います。仮にこれらの点について何らかの差異が存在するのであれば、むしろ異なった問題であるという認識のもとで対話が行われることが望ましいからです。

突き詰めると、一方的な政策保有株式の保有と株式持ち合いを比較した場合に、規制の必要性の程度に差異が存在するのかどうか。開示規制プラス資本市場の規律という規制枠組みが、果たして双方にとって望ましいのかといった点も検討する必要があるように思われます。

Ⅲ．政策保有株式を対象とした規制の再構築の試み

1．方向性

以上を踏まえて、政策保有株式を対象とした規制の再構築の試みをしてみたいと思います。

まずは規制の方向性です。政策保有株式を対象とした開示規制が導入されてから間もなく10年がたとうとしていますが、導入時の経緯に立ち返り、その目的には株式持ち合いを規制することが含まれていたということを再確認することが望ましいと思います。

現在の我が国の上場会社を取り巻く状況を踏まえると、政策保有株式に関連して生じる問題には、少なくとも2つの異なる問題が混在しているように思われます。

第1の問題は、上場会社が政策保有株式を保有したとしても、株主資本コストを上回る収益を期待することはできないのではないかということです。

第2の問題は、政策保有株主の数の増加は、株式持ち合いが典型的に示すように、株式価値の最大化及び株式の発行会社の企業価値の最大化とは別の観点から経営者に友好的な株主の数が増加することになるので、機関投資家と上場会社の対話の実効性を減少させるのではないかということです。

このような認識は、実はコーポレートガバナンス・コードの構造と整合的

だと思います。すなわち制定時及び改訂後の双方において、政策保有株式に関する規定は【原則1－3　資本政策の基本的な方針】と【原則1－5　いわゆる買収防衛策】の間に位置づけられているからです。

　前述した政策保有株式の問題の第1の要素は【原則1－3　資本政策の基本的な方針】、第2の要素は【原則1－5　いわゆる買収防衛策】と密接に関係していると思います。

　このように政策保有株式に関連して少なくとも2つの異なる問題が生じる可能性があるということを前提とすることにより、それぞれの問題について現在の規制枠組みが適切であるのか、代替的な規制の方法が存在するのではないかといった点を効率的に分析することが可能となるように思われます。

　以下では、コーポレートガバナンス・コードにおける政策保有株式に関する規定の位置づけを意識しながら、それぞれの問題点について規制を再構築する必要性があるということを示したいと思います。

２．資本政策と政策保有株式の保有

　まず「資本政策と政策保有株式の保有」という点についてです。政策保有株式の保有によって株主資本コストを上回る収益を期待することができないのであれば、政策保有株式を処分し、その換価代金を他の事業活動に投資するか、株主に返還するといったことが株主利益の最大化の観点からは望ましいということになります。

　このように考えると、政策保有株式の保有というものは、余剰資金の使途に関する問題、これは余剰資金か否かという問題も含むわけですけれども、その1つとして位置づけられるべきであるということになります。このような立場に基づくと、例えば対話ガイドラインの政策保有株式に関する規定は、同じく対話ガイドラインの2「投資戦略・財務管理の方針」の特則という意味もあるわけです。したがって、機関投資家と上場会社が対話する際には、政策保有株式の保有に関する方針と投資戦略・財務管理の方針の整合性などが意識されることが望ましいように思います。

ただし、このような立場を突き詰めていくと、政策保有株式に焦点を絞った開示規制及び資本市場の規律を通じて、株主資本コストを下回る収益しか期待できない政策保有株式の保有を減少させるという基本的な発想に再検討の余地があることも明らかになるように思います。

　まず第1に、政策保有株式と純投資目的の株式保有を比較した場合、余剰資金の使途に関する問題としては、むしろ後者のほうが重要な問題である可能性があるように思います。例えば政策保有株式の保有の規模と純投資目的の株式保有の規模を比較した場合に、純投資目的の株式保有の規模のほうが大きければ、少なくとも政策保有株式を保有する会社における余剰資金の使途という問題としては、そちらのほうが重要であると思います。

　関連して、本報告では余り取り上げることはできませんでしたが、2019年1月の企業内容等開示府令の改正では、政策保有株式を保有する企業の側で純投資目的とそれ以外の目的を区別する基準を開示することも求められるようになりました。このような改正は、上場会社による株式の保有を政策保有目的と純投資目的に区別することが難しいということを示しています。

　このような難しい判断を企業に求めるよりは、むしろ政策保有株式と純投資目的の株式を区別しないで、上場会社の株式の保有を含む有価証券投資が株主資本コストの観点から合理的なのかについて機関投資家と上場会社が対話する方が余剰資金の使途に関する問題を解決するという点では望ましい可能性があるように思います。

　第2に、上場会社が取引関係の維持・強化を目的として政策保有株式を保有する場合、その合理性を客観的に判断することは非常に困難であるように思われます。これに対して純投資目的の株式保有の場合、その合理性を判断する際に、株価や剰余金の配当の額などによって客観的な情報を参照することができますし、確立された投資理論などを参照することもできます。しかし、政策保有株式の場合は、その保有によって維持・強化することが意図されている取引関係の合理性自体が問われることになります。

　もちろん、このような取引関係の合理性を判断する際にも、取引の内容と

か、条件、規模といった客観的な指標を参照することはできます。しかし、このような問題は、本来は取締役の経営判断に委ねられるべき事項であると思います。

　もちろん、機関投資家と上場会社の対話が、上場会社にとって、これまで政策保有株式の保有により維持・強化しようとしてきた取引関係の見直しを検討する契機となる可能性はあり得ます。しかし、このような気づきを上場会社に与えることができる機関投資家は、投資先の事業について相当の専門的な知見を有する者に限られるように思われます。

　また、このような対話が政策保有株式の保有及び取引関係の見直しという成果を上げるためには、その内容が、いわば本来、取締役の経営判断に委ねられるべき事項にも及んでいることから、上場会社に機関投資家との対話に時間と費用をかける意義を見出してもらう必要があるように思います。そうでなければ、上場会社が真剣に取り合ってくれない可能性があるからです。

　そのためには、上場会社が機関投資家の専門的な能力を信頼できるという状況が存在するだけではなくて、上場会社にとって機関投資家と対話を行う必要性が存在することが必要だと思います。そして、対話の必要性の程度は、各上場会社の株主構成によって異なると思います。そして、株式持合い及び政策保有株主の存在は、まさに各上場会社の株主構成の問題でもあるのです。

３．買収防衛策と政策保有株式・政策保有株主

　株式持ち合いの対象となる株式の数がふえればふえるほど、経営者に友好的な株主の数が増加します。このような株主は、株式価値の最大化及び株式の発行会社の企業価値の最大化とは異なる観点から行動する可能性が高いので、敵対的な企業買収の提案にも応じない可能性があります。また、経営者は、このような株主の支持を背景として、機関投資家を初めとするその他の株主の意見に耳を傾けなくなる可能性があります。したがって、株式持ち合いは、買収防衛策として機能するだけではなくて、上場会社が機関投資家と実質的な対話を行う必要性を減少させます。

2019年1月の企業内容等開示府令の改正により株式持ち合いを構成する政策保有株式であるか否かを有価証券報告書において開示することが求められたことによって、機関投資家がそのような政策株式の保有に焦点を絞って対話を行うことが可能になりました。対話ガイドラインの政策保有株主に関する規定も、このような理解と整合的であるように思われます。しかし、機関投資家と上場会社の対話によって、会社及び株主全体の利益の観点から正当化できない株式持ち合いを減らすという政策にも以下のような限界があるように思われます。

　第1に、2019年1月の企業内容等開示府令の改正により、開示が要求されることになったのは、政策保有株式が株式持ち合いを構成するか否かに限られます。例えば前述したA社とB社の株式持ち合いに不満を持つ機関投資家が、A社との対話によってB社株式を売却させた場合、以降、A社の有価証券報告書には、仮にB社が政策保有株式としてA社株式を継続保有していたとしてもこの点は開示されなくなります。しかし、仮にB社がA社の政策保有株主として残存するのであれば、A社の株主の中に占めるA社及びその株主全体の利益の最大化とは異なる観点から行動する可能性のある株主の割合は変わりません。つまり、A社とB社が株式持ち合いを行っている場合、A社がB社の株式を売却しても、A社の株主構成は変わらないということです。

　第2に、A社とB社の株式持ち合いがA社の利益に反するとしても、株式持ち合いの完全な解消は、A社によるB社株式の売却だけではなくて、B社によるA社株式の売却によって初めて可能となるということです。

　前述した第1の点を踏まえると、A社によるB社株式の売却と、B社によるA社株式の売却が同時に行われないと、A社の株主構成は大きく変化しない可能性があります。したがって、機関投資家がA社とB社の株式持ち合いを完全に解消させるためには、A社だけではなくて、B社とも対話する必要があるということになります。しかし、B社と対話するためには、B社株式を保有する必要がありますが、A社の株主構成を変えて、A社の企業価値、

株式価値を向上させるために、Ｂ社株式を保有することが費用対効果の観点から正当化できる場合は限られるように思われます。

　第３に、機関投資家と上場会社の対話によって株式持ち合いが一時的に減少したとしても、それは単なる２当事者間の株式持ち合いを維持することができなくなったことしか意味しないということです。上場会社は株式持ち合いの解消によって生じた空白を別の手段で埋める可能性があります。例えばＡ社とＢ社の株式持ち合いが完全に解消したとしても、Ａ社は新たにＣ社に対して、Ａ社株式の保有を促し、経営者に友好的な株主の割合を維持しようとする可能性を否定することはできません。

　2019年１月の企業内容等開示府令の改正が株式持ち合いに与える影響は、今後検証されるべき課題の１つです。しかし、将来的に新たな制度改正が検討される際には、既存の規制枠組みには少なくとも前述した３つの問題が存在することが意識されるべきだと思います。

　このような問題点を踏まえて、以下では改善の方向性を試みに示したいと思います。

　まず、情報開示は手段にすぎず、開示させること自体が目的ではないということを再確認したいと思います。政策保有株式に関する開示規制の目的には、株式持ち合いの減少など、有価証券報告書を提出する会社の株主構成を変化させることも含まれていました。しかし、各会社にとって望ましい株主構成は必ずしも明らかではありませんから、規制の目的としては、その会社及びその株主全体の利益を害する可能性のある株主構成の修正及びそのような株主構成への移行の阻害を挙げることしかできないように思います。

　現在の規制枠組みは政策保有株式の保有に関する上場会社の行動を変化させることで、そのような目的を達成しようとしていると理解することができます。しかし、前述した規制の目的から問題とされるべき上場会社の行動は、政策保有株式の保有には限られません。上場会社の経営者が自分の都合のいいように株主構成を変化させる手段は、ほかに数多く存在します。そして、上場会社がみずからの株主構成に影響を与える行動には、構造的に資本市場

の規律の弱体化につながる危険性があります。

　その一方で、一般論としてではありますけれども、個々の上場会社にとって最適な株主構成というものが存在するのであれば、そのような株主構成を達成することを目指して、上場会社が株主構成に影響を与えるために種々の施策を実施することが許される余地もあると思います。この点も踏まえると、上場会社の行動を変えるという点では、政策保有株式について追加的な情報の開示を求めるよりは、各会社が望ましいと考える株主構成に関する方針を、それを達成するために行っている施策を含めて開示させることも考えられるかもしれません。このような方針と施策の内容が機関投資家との対話の対象に加わることで、株主構成に変化を与えようとする上場会社の行動が資本市場によって規律づけられることが期待できるように思います。

Ⅳ．今後の課題

　政策保有株式に関する規制の目的には、資本市場の規律を通じて、株主資本コストを下回る収益しか期待できない政策保有株式の数と株式持ち合いの規模を減少させることが含まれます。ダブルコードは、こういった目的が機関投資家と上場会社の対話によって達成されることを想定しています。そのような対話を促す手段として、開示規制が利用されています。

　ところが、ダブルコードは、対話が成果を上げない場合に株式を売却するという選択を否定してはいないとしても、そのような選択肢を明確な形で取り込んではいないように思われます。すなわち、ダブルコードで想定されている機関投資家は、主にパッシブ運用の機関投資家、売却という選択肢を積極的に採用しない機関投資家であると思います。この点は、特に政策保有株式の規制との関係で重要な意味を持つように思います。

　例えば政策保有株式の数が多い会社の中には、余剰資金を抱えている会社が多く含まれると思いますので、将来的な株主還元の拡大を期待して、株式を保有している機関投資家が存在する可能性があります。しかし、政策保有株主の数が多い場合、会社は機関投資家が政策保有株式の売却を要望しても

それを受け入れない可能性が高いと思います。なぜなら、先ほど申し上げたとおり、機関投資家の要望に応じなくても、経営者としての自分の地位は揺るがないからです。

　このような場合、機関投資家は粘り強く対話を行うよりも、株式を売却するほうが、本来は最終受益者の利益にかなうと思います。すなわち、対話を通じた政策保有株式の縮減という政策は、株式の売却という選択が限られている投資家、すなわち、パッシブ運用を行う投資家を前提にしないと、成り立たないように思われます。

　同様のことは、株式持ち合いの解消にも当てはまるように思われます。さらに対話を通じた株式持ち合いの解消が成果を上げるためには、持ち合い関係にある当事者全ての株式を保有することが有用だと思いますが、この点でもパッシブ運用の投資家の存在は重要だと思います。

　現在、東京証券取引所は「市場構造の在り方等に関する懇談会」を設置し、市場区分の見直しを検討しています。市場区分の見直しは、ＴＯＰＩＸなどの指数を構成する銘柄の見直しにもつながる可能性があると思います。このような見直しの結果、主要な指数の構成銘柄から外れた上場会社は、パッシブ運用の投資先から外れるということになります。

　主要な指数を構成する銘柄が絞られるということは、パッシブ運用の投資家が持ち合い関係にある当事者全ての株式を保有する場合も限られるということを意味すると思います。パッシブ運用の機関投資家の存在は、政策保有株式に関する規制だけではなくて、ダブルコードが機能するための重要な前提でもあるように思われます。今後パッシブ運用がどのような経路をたどっていくかを見通す能力を筆者は持っておりません。しかし、機関投資家の運用方針というものは、対話を含めた機関投資家の株主としての行動原理に大きな影響を与えることは間違いないように思われます。したがって、ダブルコードのように機関投資家に多くを期待する規制枠組みにおいては、彼らの行動原理が何に基づいているのかを観察し続けることが必要であると思います。

私からの報告は以上です。ありがとうございました。

討　議

神作会長　加藤先生、貴重なご報告どうもありがとうございました。それでは、ここから質疑応答に入りたいと思います。

　ただいまの加藤先生のご報告に対しまして、どなたからでも結構でございます。

大崎委員　1つ、これは単なる頭の体操としてお伺いしたいのです。加藤先生のおっしゃったとおり、現在、株主としての経済的利益の最大化以外の目的で株式を保有することは禁止されていないわけですが、先生のご報告を伺っていますと、現在のダブルコードや開示規制にはそういうことを抑制したいという意図がかなりあらわれていると私は理解したのです。そうであれば、直接、経済的利益の最大化とは別の目的で株式を保有することを禁止するという政策には、どういった問題点があり得るのでしょうか。

加藤報告者　まずそういった目的を達成すること自体は正しいという前提でよろしいのでしょうか。

大崎委員　私が個人としてそう信じているということではないのですが、仮にそういう政策目的が掲げられた場合ですね。

加藤報告者　仮にそういった政策目的が正しいとしても、それを達成する手法に限界があると思います。まず、株式保有の目的は動機の話なので、真実の動機は当事者にしかわからないという点が問題となります。

　ただし、例えば何らかの客観的な指標、つまり、その人が株式価値とか企業価値とは異なった観点から行動する可能性が高いということを客観的に示すような指標があれば、そういった目的を達成する手段を構築することはできるかもしれません。

　ご質問から離れるかもしれませんが、経済的利益の最大化とは別の目的で株式を保有することを禁止するという政策を採用することの是非は、検討されてもよいように思います。本日の報告では、少なくとも上場会社がそういっ

た株主を増やすために何か積極的に行動することは、会社の価値を害する可能性が高いので、規制されるべきであると指摘したつもりです。ただし、上場会社の株主構成に影響を与えようとする行動を規制することと異なり、例えば株主側の行動を規制することは難しいように思います。

小出委員 大変勉強になりました。政策保有株式についてのさまざまな問題意識についても大変目を開かれる思いで勉強になりました。

　加藤先生のお立場は必ずしも明確でないとおっしゃったと思うのですが、13ページ以降に、要するに、政策保有株式には2つの機能があって、資本政策の側面と買収防衛策的な側面と両方ある。買収防衛策的な側面に関して言うと、開示による規律というのは一定程度功を奏するようだというご見解だと思うのです。他方で、資本政策の側面では、加藤先生は余りはっきり書かれておられませんが、必ずしも開示という方法によることがいいというわけではないというお立場だということなんでしょうか。まずそこを先に確認させていただいて、次の質問に行きたいと思うのです。

加藤報告者 資本政策の側面で私が申し上げたかったのは、政策保有株式に焦点を絞ることは適切ではないということです。株式の保有目的を問わず、たとえば、規模の大きさ等、会社経営の効率性を害している程度を示す客観的な基準に着目して開示規制を構築したほうが有益であるように思います。つまり、資本政策としての合理性を開示規制によって担保するという点では、株式の保有目的による区別は重要ではないのではないか、という問題提起です。

小出委員 そうしますと、株式投資に限った話でもない。まさに余剰資金一般とおっしゃっておられましたけれども、株式投資に限って開示をする必要があるというわけでもないのではないかという気がするのと、あと、実際には買収防衛策的な目的で持っていたとしても、それについて資本政策として是か非かは問われることはあり得るとは思うのですね。つまり、政策保有株式には両方の側面が併存しうるということです。そうしますと、仮に買収防衛策的な側面での情報開示を重視される場合については、その政策保有株式

の資本政策としての是非みたいなものについての情報は開示しなくてもいいとお考えなのか、それとも、そこについての情報も追加的に開示させたほうがいいとお考えなのか、どちらなのかを教えていただければと思います。

加藤報告者　1点目のご質問ですが、対象を株式投資に限定する必要はないというのはおっしゃるとおりです。もう少し一般的な主張をすると、事業会社が行う金融取引が資本コストの観点から合理的な範囲で行われることを確保するために、どういった情報を開示させたほうが望ましいかという観点から再検討する必要があるのでは、ということになります。

　2点目は買収防衛策的な側面に関する質問であったと思いますが、もう一度ご質問をお願いします。

小出委員　加藤先生がそうお思いかどうかは別として、資本政策としての側面に関しての政策保有株式については、開示による規制というのがうまく機能しない可能性もあって、だとすれば、その面についての開示は、不要だという考え方もあり得ると思うのですね。つまり、加藤先生も書かれているとおり、会社によって、対話によって解決できる会社、できない会社、いろいろあるということも踏まえると、必要な会社に関してのみ機関投資家のほうが自分で聞きに行けばいい話なので、一律に開示の規制をするということにはなじまないという発想もあり得ると思うのです。仮にそういった立場に立つとすると、買収防衛策的な側面の情報の開示さえすればよくて、それが資本政策として妥当かどうかということに関しての情報は開示しないということもあり得るのかという質問です。

加藤報告者　政策保有株式の開示を廃止したほうがいいとまで主張しているわけではありません。事業会社による金融活動を対象とする開示規制として再構築してはどうかという主張です。そのような開示規制の中で、結果として、現在、政策保有株式の開示規制の対象となっているものが開示されることはあると思います。

　次に買収防衛策の観点からの政策保有株式の開示という話ですが、政策保有株式と政策保有株主の区別が必要だと思います。たとえば、A社がB社の

政策保有株式を保有しているという開示は、それはB社の株主構成にとって意味がある情報です。つまり、A社がB社の政策保有株式を保有している情報は、A社の買収防衛策に関する開示としては重要ではなく、買収防衛策の開示としては株式持ち合い関係にあるものに焦点を絞った開示が望ましいと考えています。

　しかし、現在の開示規制は、一方的な政策保有株式の保有と株式持ち合い関係にある政策保有株式の保有を区別していません。開示が必要であるか否か、どのような情報が開示されるべきであるかという点について、このような区別は十分に意識されていないように思います。政策保有株式の保有の中で株式持ち合い関係にあるものだけをピックアップして開示させたほうが、むしろ有価証券報告書の提出会社のガバナンスの観点からは重要な情報が開示されるということになると思います。

中東委員　大変興味深いご報告を、ありがとうございました。

　今の点に関して、問題ないし切り口が交錯している印象もありまして、これはコメントに近いのですが、第1の問題は、政策保有であれ、純投資であれ、株式を持っていることについての問題でございますね。

　第2点として挙げられているのは、株式の持ち合いとして整理されていますが、本来的には、政策保有されていることについての問題であると理解しました。さらに、第3点目があって、それが持ち合いであって、第1点と第2点の両方がセットになっている場合という話のほうが整理は簡単なのかなと思ってお聞きしました。

　お伺いしたい点は、17ページのご提案についてです。「各会社が望ましいと考える株主構成に関する方針（それを達成するために行っている施策を含む）を開示させた方が、効果的であるように思われる」ということについて、例えばどういう開示をすることになるのかということをお聞きしたいのです。というのも、これは書きようによっては、会社が株主を選んでいるという話になり、これこそ先生がずっと懸念されていたマーケットからの規律によってentrenchmentを防ぐという話に逆行するのかなと思うので、教えて

ください。

加藤報告者　最初のコメントは、中東先生のおっしゃるとおり、保有することの問題、保有させていることの問題、両方合わさった場合の問題という整理の方が明確かもしれません。ありがとうございました。

次のご質問ですが、その趣旨は、株主構成の方針に関する開示を求めることは会社が株主を選ぶことを真正面から認めることに等しく、「会社及びその株主全体の利益を害する可能性のある株主構成の修正及びそのような株主構成への移行の阻害」を達成する手法として不適切ではないか、とのご指摘であると理解しました。

株主構成の方針に関する開示がどのように機能するかは、資本市場の規律がどのように働くかによって決まると思います。報告では明示的に述べることはできませんでしたが、開示規制によって、経営者が自分に都合のいい株主構成を作り出していることが明らかになれば、機関投資家はそのような経営者が存在する会社の株式を買わなくなるという仮定を置いていました。そのような会社は対話によって経営が改善する可能性は小さいので、対話を重視する機関投資家は株式の保有を避けることになります。その結果、機関投資家の貴重な資源が対話による経営改善が期待される上場会社に集中するという効果があるように思います。一方、機関投資家による株式保有が減少する会社では経営者の地位は強固になるかもしれませんが、その結果として、流動性の減少や株価の下落が生じるのであれば、残存する株主が損害を被る可能性があります。別の言い方をすれば、株主構成の方針に関する開示の目的は、株主の選択を通じて、上場会社が株主構成に影響を与える行為の是非を株価に反映させることにあります。

資料の注41で論じたように、株主構成の方針に関する開示は次善の策であることは否めません。私の問題意識からすると、上場会社の株主構成についての情報開示を拡充することの方が望ましいという結論になるはずです。現在の有価証券報告書における株主構成に関する情報開示は、所有者別の状況と大株主の状況の開示だけです。そして、大株主の状況の開示の多くは信

託銀行とグローバルカストディアンが株主であることを示しているだけですから、あまり意味のある情報が開示されているとは思えません。

　繰り返しになりますが、株主構成の開示を充実させることの方が望ましいと思います。ただ、そのためには、会社が、誰が株主かということを把握できる体制が必要です。現在、法制度上、会社が利用できるのは、振替口座簿と株主名簿しかありません。しかし、振替口座簿にも株主名簿にも信託銀行とグローバルカストディアンしか記載されません、もちろん民間のサービスを使えば実質株主を追跡することはできるようです。会社が株主構成を把握するために利用可能な情報が限られているため株主構成の開示を拡充することが困難な中で、株主構成について資本市場の規律を働かせるためには、上場会社がどのような株主構成が望ましいと考えているかを開示させることも考えられると思い、試みに提案してみました。

大崎委員　今の点についてですが、株主構成に関する方針の開示というお話を伺っていて、非常に有益な提案だなという気がしてきました。例えば株主優待制度を導入するような会社は、個人株主をもっと増やしたいという意図を持っている場合が多いわけですね。あるいは例えば英文の開示に消極的であるという会社があるとすると、それはもしかすると、海外機関投資家による投資を積極的に増やしたいとは思っていないということかもしれません。逆に、やっていなかったそういった活動を始める場合は、海外の機関投資家をもっと増やしたいという意図があると思われるのです。そういう今、割と周辺情報から推測されるような会社の意図をもう少し整理された形で開示するというのは、もしかすると、投資家一般にとって有益な開示になるのかなという気がしてまいりました。

神作会長　今の点に関して、どなたか追加のご質問、ご意見ございませんでしょうか。あるいはほかの点でも結構です。

松尾（直）委員　非常に詳細なご検討、ありがとうございます。そもそも開示制度というのは、もともとの考え方は、投資家の投資判断にとって重要または有用な情報を提供するという制度だったはずなんですけれども、加藤先

生ご指摘のとおり、昨今、特に以前は非財務情報、今は記述情報と言われる、いわゆるガバナンス関連情報が政策誘導的な意図、つまり開示を通じて市場規律を働かせて、事実上、行動を縛るような、行動に影響を与えるような開示事項が増えていまして、個人的にはちょっとどうかなと思っているのです。今後、これがさらにどんどん発展すると、昨今話題になっているESGとか地球温暖化とか、金融庁も任意だとか言っているのですけれども、開示事項がやたら増えて、本当に投資判断にとって重要または有用な情報の開示になっているのか。

　もちろん、何が投資判断にとって重要か有用かは時代によって変わり得ますから、拡大すること自体に反対することは難しいのですけれども、逆に言うと、何でもかんでも政策的意図で、特に最近話題の報酬の問題もそうですが、これは投資判断にとって有用なんだとかなるわけです。そもそも論として加藤先生のお考えは、こういうのは別にいいんだと。政策保有に限らないですけど。ということで先生のお考えをお伺いしたい。

　2点目は、先ほど議論になった、上場会社がどういう人に株を持ってもらわないか、そういうことはおこがましいわけです。というか、上場会社にとっても、そんなことを言ったところで、海外のファンドは嫌だとか言ったところで、上場している以上は、コントロールできるわけじゃない。上場会社の取締役会でそういうことが議論になったときに、そんなことは決められないですよね。言えないですよ。下手に開示したら、責任問題になりかねないですから、私はそういうことは賛成できないと思っています。

　先ほどの実質株主の問題も、1つの例ですけども、外国ファンドが、大量保有報告書を出さないで、5％未満で買い集めて、名義書き換えしない場合、一体それをどうやって把握するのかという問題があります。信託銀行にお金を払って把握しないといけないといっても、限界があると思うので、余り有用な情報にならないという面もあるわけです。

　最初の質問は理論的な話なんですけど、2番目は実務的で、だから申しわけないですけど、大崎先生に賛成できないんですね。

加藤報告者 1点目のご質問ですが、有価証券報告書の記載事項の中に、必ずしも投資判断に必要な情報とは言えないものが含まれるようになってきているが、このことは有価証券報告書の意義というか目的に照らして問題であるとのご指摘と理解しました。

　先生のご指摘に正面から答えているわけではないかもしれませんが、有価証券報告書の記載事項の中にガバナンスに関する情報が増加していることの背景には、機関投資家は上場会社と対話すべきとの政府による政策決定が存在します。機関投資家と上場会社の対話が円滑に進むためには、売買を行う際に必要な情報以外の情報が必要になることがあると思います。機関投資家が個別的に会社からそのような情報を引き出すこともできるかもしれませんが、そのこと自体にコストがかかるし、会社が難色を示す可能性もあります。ですから、機関投資家と上場会社の対話が円滑に進むためには、上場会社による情報開示を充実させる必要があると思います。

　ただ、情報開示を充実させる方法は有価証券報告書に限りません。たとえば、事業報告でも問題はないはずです。それではなぜ事業報告ではなくて有価証券報告書なのか。おそらく、機関投資家と上場会社の対話によるコーポレートガバナンスの改革を推進しているのは金融庁であって、金融庁の管轄は有価証券報告書にしか及ばないからだと思います。

　まとめると、機関投資家と上場会社の対話を促進させるためには、上場会社による開示を拡充することが必要です。ただ、金融庁が持っている手段は有価証券報告書ですから、それを使うことが最も容易である、というのが私の考えです。

　2点目のご質問ですが、まず、上場会社が株主を選ぶというのはおこがましいというご指摘は会社法の構造と整合的であることを認めざるをえません。会社法は、上場会社は経営者が選択した特定の人に株主になってもらうということに対して、懐疑的な態度をとっています。例えば会社法120条の利益供与規制はその典型例ですし、会社法210条の不公正発行規制も、会社が株主を選ぶことに制約があることを示しています。

ただ、先ほど、中東先生とのやりとりで申し上げたとおり、これから新しく会社の株式を買おうとする人にとって、自分のほかに誰が株主なのかという情報は非常に重要な意味を持つと思うのです。そういった情報は、本来できるだけ一般に公開されるべき情報だと思います。まさに投資判断に必要な情報だと思います。しかし、そういった情報を開示させることはできない、非常にコストがかかる、松尾先生がおっしゃった理由から、私もそう思います。

　そうすると、株主構成自体を開示させる以外にどういった方法が考えられるかということで、先ほど大崎先生がおっしゃったとおり、実際に上場会社の行動によって株主構成は変化すると思います。そのような可能性のある行動を開示させることによって、先ほど述べた意味での資本市場の規律が働くのであれば、株主構成の方針に関する開示にも一定の意味があると考えています。

松尾（直）委員　前者の点ですけど、金融庁の今回の改正の役員の報酬についてのところで、見出しが「建設的な対話の促進に向けた情報の提供」とされていることに違和感を覚えましたとだけ、申し上げておきます。

飯田委員　2つ質問があります。1つ目は、加藤先生の今日の報告は、ダブルコード以降の流れを前提に、政策保有株式を減らすとしたらどういう方策があり得るかという趣旨だったと思います。それとはやや文脈を離して、加藤先生のご意見としては、株式持ち合いについて、どのあたりに真の問題があるとお考えなのか。あるいは、昨今の流れに全く賛成なのかということを確認させていただければと思います。

　というのも、例えば議論の中で、資本コストを上回る収益を得られるかどうかというご議論があったと思います。企業価値最大化とか株主利益最大化と違う経営が行われているということに関して、特に金商法の情報開示の観点から介入していくことが正当化できるのでしょうか。金商法の規制によって、当該会社でどのような経営が行われているかについての情報開示を要求することはできると思いますが、株主利益最大化の経営をさせることは可能

なのでしょうか。その問題意識は既にご報告でも示されていると思いますけれども、そのあたり、少し確認させていただければというのが1点目です。

2つ目ですけれども、株式持ち合いと政策保有について、entrenchmentの危険性に違いがあるだろうという点ですけれども、それは確かにそのとおりだと思うのですが、質的な差が本当にあるだろうかというところを少し疑問に思いました。というのも、政策保有というのは変動があり得るものですから、有価証券報告書の提出のタイミングの瞬間に持ち合っている、あるいはその瞬間に一方だけ持っていると区別しても余り意味がないですし、何か有事があったときに、広い意味での持ち合い関係のグループ会社が買ってくれることを期待して政策保有しているというのはよくある話だと思うわけです。

そういう意味でいくと、レジュメの11ページですけれども、その区別が果たして合理的な区別になるのだろうかというところを教えて下さい。

加藤報告者 1点目の質問では、株式持ち合いに対する認識と金商法の開示規制によって対応することが望ましい問題の範囲の2点が問われていたかと思います。まず、株式持合いの問題についてですが、ダブルコードが想定している対話の阻害要因になる可能性があるという指摘はしたつもりです。これは、伝統的に株式持ち合いの問題とされてきた議決権の空洞化という問題が、ダブルコードの時代に別の形で顕在化してきたと表現してもよいかもしれません。ただ、対話の阻害要因としては、株式持合いというよりは政策保有株主の存在が問題であると考えています。

次に、金商法の開示規制によって対応することが望ましい問題の範囲に関する質問の趣旨は、「企業価値最大化とか株主利益最大化と違う経営が行われているという」問題は、本来、会社法によって対処すべき問題であって、金商法の情報開示規制によって対処できない問題ではないかとのご指摘と理解しました。ダブルコードは、機関投資家と上場会社の対話を促せば「企業価値最大化とか株主利益最大化と違う経営が行われているという」問題は解決するという発想に基づくものだと思います。このような発想が正しいので

あれば、金商法の情報開示規制を利用して機関投資家が上場会社と対話する際に有益な情報を上場会社に開示させることも正当化できるように思います。

　3点目のご質問ですが、これは誰の立場から政策保有株式の保有を分析するかという問題だと思います。例えば有価証券報告書の提出会社をA社として、A社がB社株式を政策保有株式として保有することによって、entrenchmentの効果を得るのはB社の経営者ということになります。これに対して、A社の経営者がentrenchmentの効果を得るためには、B社にA社株式を政策保有株式として保有してもらう必要があります。ですから、政策保有株式と株式持ち合いには差があるのではないかと申し上げたわけであります。

　これに対して、飯田先生のご指摘は、A社がB社株式を政策保有株式として保有することには保険の意味があり、A社が危機に瀕したときに、B社やそのグループ会社がA社の株式を友好的な株主として買ってくれる可能性があるということかと思います。このように考えれば、政策保有株式と株式持ち合いを、entrenchmentの手段として明確に区別する必要はないということになります。

　確かに、政策保有株式の一方的な保有にもentrenchmentの機能が潜在的に存在するかもしれません。しかし、開示規制のあり方としては、むしろ、A社がB社株式を保有しているという一方的な政策保有株式の内容の開示よりも、B社またはそのグループ会社によるA社株式の保有が急激に増加したことをA社の有価証券報告書で開示させる方が、開示規制によってentrenchmentに対処するという観点からは意味があるように思います。つまりA社の株主構成が突然変わった場合には、本来、変わったこと自体を開示させるべきであって、将来変わる可能性があるから、A社がB社の株式を政策保有株式として持っていることを開示させるというのはセカンドベストの話であると思います。しかし、A社の株主構成の変化を適時に開示させる仕組みを構築することが難しいのであれば、保険としての一方的な政策保有

株式の開示も意味があると思います。

松井（智）委員 皆さんが気になさっている株主構成に関する方針の開示に関して、ちょっとお伺いしたいと思うのです。

　恐らく今は、株主構成としてどういうものを望むかということを声を大にして言えないと思っているという状況を解禁するとどうなるかということと、解禁した上で、その弊害を除くためにどういうことを義務づけるかという2段階になると思うのです。解禁して、いいですよと言うと何が問題かと言うと、例えば、私は今、こういう株主が欲しいですという情報自体がいろんな内情をばらしてしまうために、好き勝手、言いたいことを言えないのではないか。かつ、何か発言をすると、株主が勝手に動くので、その情報を読んで投資してきますので、言った株主構成が実現されなくなるのではないか。さらに、そういったことを考えて、逆に株主に対する情報発信として悪用するのではないかということが考えられて、それで先ほどの、下手に言うと責任が出るのではないかという話が出てくるのかな。

　また、株主構成は、株価が今下がっているからとか、技術提携する先が欲しいからとか、そういう理由でどんどん変わると思うのです。方針が変わっているときに、開示はどうするんだろうかとか、下手するとうそ言っているんじゃないかといった問題も出てくると思うので、具体的に義務として、こういう定型的なものを出しましょうというふうにやらないと、何か弊害が出そうだし、義務というふうにやっても、いろいろ限界が出そうだなと思います。現実にこの開示というのはおもしろいエリアなんですけど、やるべきかどうかという話はちょっと横に置いておいて、できるかどうかということを考えたときに、相当難しいのではないかという印象を持ったのですが、感想をお伺いしたいと思います。

加藤報告者 ご指摘、ありがとうございます。株主構成の方針に関する開示に限った話ではありませんが、新たな開示規制を設ける場合には、それがどのように機能するのか、開示規制の存在を前提として関係者がどのように行動するかを慎重に考慮すべきとのご指摘であると理解しました。全く異論は

ありません。

　ただ、私がここで申し上げたかったのは、繰り返しになりますけれども、投資判断を行う際に株主構成がどうなっているかという情報は非常に重要であって、特に上場会社の経営者はさまざまな施策で株主構成に影響を与えることができるし、実際に与えていることを認識する必要があると思います。特に政策保有株主の問題、すなわち、相手方に株式を持ってもらうということについて、現在、有価証券報告書では意味のある情報は開示されていないと思います。

　そして、株主構成に関する情報開示を充実させる手法としてはどういったものがあるのかを考えた場合に、本来であれば、生の情報というか、株主が誰であるかという情報を拡充させたほうが望ましいと思います。しかし、それが種々の理由でできないならば、少なくとも現在、株主構成に影響を与える会社の行動を開示させることが考えられるのではないかと思ったのです。ただ、今回の私の提案は、具体的な制度設計をするのが非常に難しくて、企業活動に悪影響が生じる可能性がある、そういう弊害があるということはご指摘のとおりかと思います。

宮下委員　加藤先生のご主張の内容のうち一番肝になる部分というのは、誰が政策保有株主であり、政策保有株主がどのくらいの割合いるのかということを明らかにすることが重要であるという点なのかと思ったのですが、そうであれば、端的に、発行会社が政策保有株主だと認識している株主を、例えば、有価証券報告書の中で開示するとか、そのようなことは考えられないのかなと思いました。

　というのは、「政策保有」である以上は、株主側が勝手に「政策保有」しているという状況は余り考えられず、当然、発行会社に対して何らかの働きかけをするなど、純投資以外のメリットがあるからこその「政策保有」だと思うのですが、そうであるとすると、発行会社のほうは、ある株主が「政策保有」であるかどうかを認識できると思いますので、発行会社が政策保有であると認識している株主を開示させることでもワークするのではないかと思

いました。

加藤報告者 ご指摘のとおり、私の問題意識からすると、政策保有株主の開示を強化することが自然な提案だと思います。先生がおっしゃったように、私も、B社がA社の株式を政策保有の目的で持っている場合は、A社とB社が合意して持っているはずであるから、A社が知らないはずはないと思います。

　ただ、ディスクロージャーワーキングの審議において、資料の注30で挙げたように、政策保有株主に関する情報開示を拡充すべきとの意見に対して、企業側から誰が株主かを正確に把握することはできないとの反論がありました。そのため、実情が分からないということもあり、本日の報告では、政策保有株主の開示の拡充を提案はしなかったのです。しかし、取引関係の維持というのは本来一方的に株式を保有することによって生じるものではなくて、両当事者の合意に基づき、一方が他方の株式を保有するというのが実態であるならば、誰が政策保有株主なのかを会社が把握していないというのは考えにくいと思います。このような認識が正しいのであれば、株主構成の方針に関する開示よりも、上場会社が把握している政策保有株主の開示、少なくとも政策保有株主が保有する株式が発行済株式総数に占める割合の開示を求めることが望ましいと思います。

大崎委員 今の点、まぜ返すことにはなるのですけれども、ちょっと難しいなと思ったのが、大量保有報告書制度では、重要提案行為等を行う場合は、重要提案行為等を行う目的で保有しているという開示を行い、純投資が目的という開示はしないということになっていますよね。純投資でないものを政策保有であるともし呼ぶのであれば、あれはファンドによる政策保有株式だというふうにも言えそうなんですが、当事者が政策保有株式として認識しているものの割合を出すと、実はそこにはいろんな背景を持つ政策保有が混在しているという問題があるのではないのかなという気がします。

加藤報告者 先生のご指摘は、政策保有というのは裏側からの定義であるということを示していると思います。つまり、純投資以外の目的はすべて政策

保有なのですね。そのため、政策保有株式の範囲が非常に広くなり、仮に大量保有報告書の定義に従った場合には、アクティビストも政策保有株主になってしまう。そうすると、単に政策保有株主が保有する株式が発行済株式総数に占める割合の開示だけでは不十分であって、政策保有株主に関する開示のあり方を工夫する必要があるということになると思いました。ご指摘、ありがとうございました。

宮下委員 先ほどの、政策保有株主であることが、わかるか、わからないかというところに関して言うと、もちろん信託銀行名義になっている株式であるとか、または海外のカストディアン名義になっている株式について、実質株主がわからないということは一般論としてはあると思うのですけれども、そういう実質株主がわからないような株式というのは、当該株主による発行会社への働きかけがないということになりますから、基本的には政策保有株主ではないのではないかと思います。そのような意味では、単純に実質株主がわからないという話と、政策保有株主かどうかがわかるかどうかという話は、余りリンクしていないのではないかと思いました。

弥永会長代理 かりに、政策保有株主が誰なのかわからないことを前提とすると、私が聞き間違えているかもしれないのですけれども、加藤先生が評価されている、新しくコーポレートガバナンス・コードに入った補充原則１－４は結局、空振りということになるのではないかという気がいたしました。そのあたりはどのようにお考えでしょうか。

加藤報告者 特に補充原則１－４②は、おっしゃるとおり、上場会社が政策保有株主の存在を把握できていないと意味がないと思います。フォローアップ会議の審議をフォローアップしているわけではないのですが、補充原則１－４は株式持ち合いを前提にしている規定だと思います。株式持ち合いの場合には、少なくともお互いに持っていることをわかってないということはあり得ないと思います。

　その一方で、一方的な政策保有株主は、その発行会社の有価証券報告書にあらわれないので、現在の開示規制を前提にすると、そういったものについ

てまで対話を行うことを求めることはできないと思います。

松尾（健）委員 保有している株式の開示の話に戻ってしまうのですけれども、政策保有株式の開示の問題を余剰資金の使途に関する問題として捉えたら、政策保有だけではなくて、純投資のほうもあわせて開示することが重要ではないかというお話はそのとおりかと思うのですけれども、ただこの問題を改善する手段としては、専ら機関投資家との対話が想定されていたように思うのです。そうだとしますと、対話の項目としてこういうことに取り組みなさい、経営者はそれに真摯に応えなさいとすることを超えてといいますか、それに加えて、一般的に有価証券報告書において開示させるということにはどんな意味があるのかという疑問が出てきます。といいますのも、機関投資家以外の投資家、株主にとって、投資先の会社が、どういう株をどのくらい持っていますという情報が、投資判断にどのくらい影響があるかというのが少し疑問だったというのが一つ目です。

あるいは、改善の手段を、対話を超えたものとして捉え、先ほどの金融庁の権限との関係では問題なのかもしれませんが、開示規制といいながら、実質的には行為規制になっていて、合理性を検討した結果を開示せよというのは、実はそういうことを検討せよという行為規制なのであり、そちらの意味合いというか、メッセージのほうが強いという説明もあり得るのかなと考えておるのですけれども、お考えはいかがでしょうか。

加藤報告者 1点目のご質問は、機関投資家が上場会社と対話をする際に重要な情報を有価証券報告書によって開示させる場合、その他の投資家にとってそのような情報は重要であるのかというご指摘と理解しました。ご質問に正面から答えているわけではないかもしれませんが、たとえば対話によって余剰資金の株主還元を実現しようと考えている機関投資家が投資先を新たに選択する際に、上場会社の株式保有に関する情報は投資判断に関する情報として重要だと思います。このような行動が社会的に是認される限り、有価証券報告書において上場会社の株式保有に関する情報を一般的に開示させることは意味があると思います。

２点目のご質問は、上場会社と機関投資家の対話を促進することを目的とした開示規制の実態は行為規制になっているとのご指摘と理解しました。私も先生のご指摘に同意します。コーポレートガバナンス・コードの「検討して開示せよ」という規律は、事実上、検討を義務づけていると思いますし、フォローアップ会議もそのように考えていると思います。ただ、単なる行為規制ではなくて、機関投資家が対話を通じて上場会社による対応をチェックする仕組みが存在することを前提とする行為規制です。ですから、資本市場の規律が機能することを開示規制によって促すという側面は残っているように思います。

松井（秀）委員　加藤先生のご報告、非常に頭の整理になり、興味深く拝聴いたしました。先生は、今回、理論的なご説明をされたと理解しているのですけれども、１点、その前提をお伺いしたいと思っております。

　私自身、不勉強で申し訳ないのですが、今回のご報告は、かなり減ってきたとはいえ、株式持ち合いという現象が残っていることが前提となりまして、今、どういうところでこれが残っているのかが気になるところです。また、株式持ち合いではない政策保有株式につきまして、これは先ほど、認識の難しさに関するお話がありましたが、加藤先生には政策保有株式が資本政策なり何なりの観点から好ましくないという具体的なイメージがあるのかどうかということを伺いたく存じます。

　つまり、株式持ち合いであれ、政策保有株式であれ、具体的な何らかのイメージがあって、今回の説明が出てきておられるのか。あるいは、それはある程度抽象的な問題点としてとらえて、仮に議決権の空洞化が起こるような株式持ち合いがあるならこうなる、あるいは資本コストの観点から是認できないような政策保有株式があればこうなるということで、具体的な議論と今回のご提案は切れているのか。以上のような前提に関する認識と、今回のご提案との関係について、少しお伺いできればと思っております。

加藤報告者　私の報告は、昨年行われたコーポレートガバナンス・コードの改正、対話ガイドラインの制定、そして2019年1月の企業内容等開示府令

の改正は、政策保有株式や株式持ち合いを減少させるという目的で行われたことを前提とした上で、その目的を達成する手段として、正しい手法が選択されたといえるのかを分析することを目的としています。ですから、株式持ち合いや政策保有株主の存在が機関投資家と上場会社の対話を阻害する要因になり得るという一般的・抽象的な可能性の他に、具体的な問題の深刻さを分析することはしていません。

　ただ、松井先生がおっしゃるとおり、現在、株式持ち合いや政策保有株式がどれくらい残っていて、かつ、どれくらい深刻な状況なのかということ自体、検討しなければならない問題であると理解しています。フォローアップ会議の審議を丁寧に辿れば、フォローアップ会議が株式持ち合いや政策保有株式の現状をどのように評価しているかも分かると思います。白状すると今回の報告では、そこまで手が回りませんでした。今回の報告書を元にして論文を執筆する機会があるならば、フォローアップしたいと思います。

　ただ、株式持ち合いについて、データとしてはやや古いですけれども、日本の上場会社の株主構成は二極化しているという研究を見たことがあります。この研究によれば、国際的に事業活動を展開する著名な上場会社では、海外の機関投資家の数が多く株式持ち合いの規模が相当程度減ってきているのに対して、海外の機関投資家が投資対象としていないような会社では、何十年も株主構成が変わってない会社もたくさんあり、株式持ち合いの規模が相当大きいものもあるとのことです。

尾崎委員　報告の15ページから16ページにかけての部分で、直近の開示府令の改正の評価や影響についてご説明いただいたと思いますが、相互保有について開示を求める規制をしたとしても、結局一方が手放すとすればどんどん開示対象から抜け落ちていく形になるということで、これが十分な政策になっているかという疑問だと思います。結局は一方が保有しているという点に注目すると、おっしゃるとおり、ほとんど規制によって実態が変わらない可能性もあるのですけれども、他方で、これで持ち合いが減れば、持ち合いのほうが単純な政策保有よりもさらにentrenchmentの危険性が高いという

のであれば、一定のメリットはあると思います。規制対象として捉えるべきものが見えなくなるというデメリットと、そういう形で、不十分かもしれないけど、持ち合いという entrenchment の危険が高い部分がなくなっていくかもしれない、こういうもののコストベネフィットはどう考えればいいんでしょうか。

加藤報告者　ご指摘のとおり、株式持ち合いが減るということ、それ自体は政策目的を一定程度達成しているという評価になると思います。ただ、株式持ち合いと政策保有株主の存在は、双方とも会社の利益とか株主としての経済的な利益とは別の観点から行動する株主が存在するという点では同じです。政策保有株式の開示規制の主たる目的は株式持ち合いの解消であると位置付けるのであれば、株式持ち合いの数が減れば政策目的は十分に達せられたという評価になります。

　ただ、私個人としては、ある会社に、特殊な行動原理で動く株主がどれくらい存在するかという情報も本来は開示されるべきだと思います。このような観点から、報告では、直近の開示府令の改正の限界を指摘しました。

尾崎委員　相互保有ではない政策保有株主というのは、そもそもこの規制とは関係なく前からいて、今後もいるわけで、そこは変わらないと思います。それでも問題があり得るのか。そこの部分をどうするのかということが問題なのかなと思ったのですが。

加藤報告者　相互保有ではない政策保有株主の存在について、直近の開示府令の改正は政策保有してもらっている会社側に追加の情報開示を求めているわけではありません。ですから、ご指摘のように、相互保有ではない政策保有株主の存在を根拠として、直近の開示府令の改正を否定的に評価するのはフェアではないかもしれません。

河村委員　もしかして既に質疑応答の中で出てきたかもしれませんけれども、１点だけ確認させてください。

　目的に関しては、株式持ち合いの減少等、現在の政策保有株式に関する開示規制の目的を前提とした場合の手段として、例えば政策保有株主を開示さ

せるであるとか、方針を開示させるであるとか、株主構成を開示させるであるとか、そうした手段と言われるものがどれくらい目的達成につながるのでしょうか。そこが私はまだよくわかっていないのですけれども、今おっしゃっているようなことが目的達成の方策になっているのかというところを確認させてください。

加藤報告者 開示規制を構築する際には、開示規制によって、情報を開示しなければならない会社と情報を受け取る投資家等の行動がどのように変化するかを考える必要があると思います。本日の報告では、政策保有株主の開示や株主構成の方針に関する開示によって会社や投資家の行動がどのように変化するかということについて、十分な説明ができなかったかもしれません。他の先生とのやりとりを踏まえると、以下の2つの経路によって開示規制が会社や投資家の行動に影響を与え、株主価値や企業価値を害するような株主構成が是正されることや、そのような株主構成への移行が妨げられることを期待できるように思います。

　第1に、これは中東委員とのやりとりに際して申し上げたことの繰り返しになりますが、政策保有株主の開示や株主構成の方針に関する開示によって、経営者に都合のよい株主の数が多い、または、経営者がそのような株主の数を増やすために積極的に行動していたことが明らかになれば、対話等によって経営を改善させようとする機関投資家にとって、そのような会社への投資を差し控えることが最終受益者の利益最大化の観点から求められることになるはずです。そのような行動をとる機関投資家の数が増加することによって流動性の減少や株価の下落という不利益が生じるのであれば、経営者が株主構成を自らの都合のよい方向に変化させることの歯止めになると思います。

　第2に、パッシブ運用の機関投資家のように、政策保有株主の開示や株主構成の方針に関する開示に基づき投資先を選択するという行動をとらない株主にとっても、政策保有株主の開示や株主構成の方針に関する開示によって対話の対象とすべき事項が明確になるので、対話によって企業価値を害する株主構成が修正される可能性があります。ただし、株主としての経済的利益

の最大化とは別の目的で株式を保有する者の数が多くなればなるほど、対話によって株主構成を変えることは難しくなると思います。

藤田委員　もう余り聞くことも残ってないのですけれども、抽象度の高いレベルで幾つか質問させてください。開示という制度は、もともとは情報の偏在を克服するための道具なのですが、どうも最近の開示のさせ方には、単なる情報の偏在の克服とは異なる機能が期待されているケースが散見されます。政策保有株式についても、開示を要求し、その合理性について説明させるというフレームワークを用意することが、どういう機能を持ち、どういう形で人の行動を変えているか、よくわからないところがあります。

　加藤さんの報告では、資本政策としての話だと整理するなら、政策保有株式か否かといった切り方をせずに、単純にある程度大口の投資についてはちゃんと開示させて、そうすると資本コストに見合うだけのリターンがあるかどうかが当然判断されることになると整理をされています。それは確かに、そのとおりのようにも思えます。しかし、そもそも合理的に考えるなら、保有している株式を開示させれば、単純にリターンがないような投資を続けているとその点について説明を求められ、これに対して、キャッシュフローとして入ってきているのはそれだけかもしれないけども、別のところのメリットをもたらしているから総合的に意味があるのですと説明がなされる。それで説得力がなければ売られてしまう。そう考えると、政策保有株式について開示して説明を求めるのと、単純に株式の保有状況を開示させるのとは、結局同じところに行き着くはずです。しかし、そうはならないという前提があるからこそ、これまで「政策保有株式」というくくりで何らかの開示をさせてきたわけでしょう。そうなると政策保有株式の開示を求めることで違った効果をもたらすという前提を受け入れるかどうかが重要です。

　もし何か違いがあるのだとすれば、資本政策の観点からは、政策保有株式というくくりでの開示のさせ方はやめていいと簡単に言えなくなってくる。現在は、そもそも合理的な行動を前提としないような開示の仕方をさせているように思われ、それをどう評価するかというのが、最終的に手段の選択の

ところで効いてくる気がします。

　政策保有株主のほうも同じようなところがあって、加藤さんの報告は、本当にしたいことは、資本市場の規律が働かなくなるような何らかのメカニズムがあれば、それが明らかにされるようにするのが究極の目的で、ただし抽象的に言われてもわからないので、資本市場の規律が働かなくなる一要素と目される政策保有株式——政策保有株主も、うるさく注文をつける人もいるかもしれないので一概には言えないのですが——、政策保有株主の一部はそういうメカニズムの一角を担っている可能性があるという観点で、そこを開示させるのがセカンドベスト、そのセカンドベストからさらにもう1つレベルを下げたバージョンが、方針を示させるということです。ただ、3段階目のこの方式にすると、全然違った効果になってしまいはしないかというのが、気になります。こういう開示のさせ方だとメッセージが全然違ってくるかもしれない。

　政策保有株式という形で開示させること自体にすでにある種のメッセージ性がある。従来の開示の仕方には、そもそも怪しげな株式保有であるというメッセージを出し、みんなが注目するようにするという効果があったとすると、保有方針の説明というやり方をすると、それが失われるかもしれない。それどころか会社が株主を選ぶことは、説明すればやってもいいというメッセージになる可能性すらあって、従来の開示とは全然違った効果をもたらす危険があるような気もします。

　このあたりも、開示の行動への影響というのが、情報の偏在の克服という以外の要素——フレーミング効果等の非合理性に基づく行動のゆがみを利用するという要素——に依存しているとすれば、最終的な結論を出すためにさらに検討が必要ではないかという印象を持ちました。

加藤報告者　1点目のご質問は、資本政策の観点から開示規制によって余剰資金の使途に関する問題を解決しようとする場合に、保有目的に関わらず一定規模以上の有価証券投資を開示させるという枠組みと政策保有株式だけを括りだして開示させる枠組みを比較して、両者の間で上場会社や機関投資家

の行動に与える影響が異なるのであれば、政策保有株式だけを括り出すことにも意味があるとのご指摘と理解しました。他の先生方のご意見も踏まえると、本日の報告では、開示規制が関係者の行動に与えるメカニズムの分析が不十分であったことをさらに痛感しました。論文として公表する機会があれば、この点について、もう少し深い分析をしたいと思います。

　２点目も、開示規制が関係者の行動に与えるメカニズムの分析が不十分であるとのご指摘であると理解しました。政策保有株主の存在が問題視されるべき理由は、経営者が自分に都合のよい株主を選ぶということにあり、何らかの規制がなされるべき行為だと思います。そういった行為を規制すべきだとしつつ、特に株主構成に関する方針の開示という提案は、開示すれば政策保有株主の数を増やすために積極的に行動することも許されると誤解されかねないという問題を含んでいることは否定できません。

　ご質問をうかがっていて、正面から株主構成に関する情報開示を拡充する方向で主張を展開する方がよかった気がしてきました。ただ、この場合も、河村先生とのやりとりで申し上げたとおり、政策保有株主の状況等、株主構成に関する情報開示が求められることになった場合に上場会社や投資家の行動がどのように変化するかを分析する必要があることに変わりはありません。ご指摘、ありがとうございました。

神作会長　少し時間がありますので、私からも１つご質問をさせていただきたいと思います。

　記載上の注意の改正により、加藤先生からご報告がありましたように、純投資以外の政策保有株式の方針と保有の合理性を検証する方法等が新たに開示されることになりました。そして、個別銘柄の保有の適否に関する、取締役会等における検証の内容を記載させるということに関連してですが、私が幾つかの会社のご担当者から伺ったのは、このような規定が導入されたことにより、今まで漫然と保有していた政策保有株式について、１つ１つチェックする機会になる。そのような検討の結果、もしかすると保有する会社の行動に影響があるかもしれません。

次に、金商法の考え方についてですが、恐らくこういった事項の開示が投資判断に影響を与えるというよりも、より直接的には株主権の行使、より具体的に言えば特に経営者の信任についての議案において議決権行使に影響を与える重要な情報であるという理解に立っているものと思われます。

　私のご質問は、投資判断のため、売るか売らないかというよりも、ここで開示させているのは、必ずしも経営者との対話を前提にしているのではなく、株主権の行使、とりわけ議決権の行使をより適正に行わせる、より合理的に行わせるための情報提供であり、そのような目的は、政策的な開示規制であるということをそれほど強調する必要もなく、当然に金商法の目的に入ってき得るのではないかと思うのですけれども、そこはいかがでしょうか。

加藤報告者　このご質問に対しては松尾先生にご回答いただくのがよいと思います。私は株主の議決権行使に必要な情報を有価証券報告書に書くことは問題ないと思っております。

神作会長　松尾さん、もし何かコメントがありましたら。

松尾（直）委員　これは公開買付規制を始めとして、金商法と会社法の問題として議論されてきた問題で、投資家の中には株主も入っているので、株主にとっての有用な情報も有価証券報告書の記載対象にはなり得るわけです。一方で、先生ご指摘の議決権の行使に重要な情報ですと、それだけだと、会社法の事業報告に書けばいいじゃないかという話に限定されるような気もするのです。含まれる関係にある。だから、それだけのために情報開示するわけでなく、株主の議決権行使に役に立つから情報開示されるという整理ではないと思うんです。

神作会長　ここは非常に深遠な問題になりますので、またいろいろなところでご議論があるかと思います。

　まだご議論はあろうかと思いますけれども、ちょうど時間になりましたので、本日の研究会の質疑を終了させていただきます。

　加藤先生、貴重なご報告、まことにありがとうございました。

　次回の研究会は、お手元の議事次第にございますように、5月28日の午

後2時から、松井智予先生からご報告をいただく予定でございます。会場は、本日と同様、太陽生命日本橋ビル8階の本会議室ですけれども、開始時間が本日と異なり、午後2時からとなっておりますので、ご注意いただきたいと存じます。

　それでは、本日の研究会はこれで閉会とさせていただきます。

報告者レジュメ

加藤貴仁「『政策保有株式』に関する開示規制の再構築について」
金融商品取引法研究会（2019/03/15）

1．はじめに

　2018年6月1日、「『責任ある機関投資家の諸原則』〈日本版スチュワードシップ・コード〉～投資と対話を通じて企業の持続的成長を促すために～」（以下、「Sコード」という。）の改訂が2017年5月29日に行われたことに続き、「コーポレートガバナンス・コード～会社の持続的な成長と中長期的な企業価値の向上のために～」（以下、「CGコード」という。また、CGコードとSコードを合わせて「ダブルコード」という。）が改訂された。[1] また、CGコードの改訂と同じ日に、金融庁によって「投資家と企業の対話ガイドライン」（以下、「対話ガイドライン」という。）が公表された。対話ガイドラインは、スチュワードシップ・コード及びコーポレートガバナンス・コードのフォローアップ会議（以下、「フォローアップ会議」という。）の提言に基づき、金融庁が公表したものである。その内容は、Sコード及びCGコードの実効的な「コンプライ・オア・エクスプレイン」を促すため、機関投資家と企業の対話において重点的に議論することが期待される事項を取りまとめたもの、と説明されている。[2]

　CGコードの改訂の対象となった事項には様々な事項が含まれるが、本稿では政策保有株式に関する事項に注目する。[3]「政策保有株式」という用語は企業内容等の開示に関する内閣府令（以下、「企業内容等開示府令」という）等の法令で用いられているわけではなく、改訂前のCGコードでは「いわゆる政策保有株式」と表記されていた。[4] CGコードと対話ガイドラインに関する金融庁の担当者の説明では、「政策保有株式」の意味するところは以下のように説明されている。

　「政策保有株式」には、一般的には、企業が純投資以外の目的で保有している株式

---

[1] 以下、本稿において、「CGコード」及び「Sコード」はいずれも改訂後のものを指す。改訂前のものについては、それぞれ「改訂前CGコード」及び「改訂前Sコード」と表現する。
[2] スチュワードシップ・コード及びコーポレートガバナンス・コードのフォローアップ会議「コーポレートガバナンス・コードの改訂と投資家と企業の対話ガイドラインの策定について」（2018年3月26日）（以下、「フォローアップ会議提言」という。）、田原泰雅ほか「コーポレートガバナンス・コードの改訂と『投資家と企業の対話ガイドライン』の解説」商事法務2171号（2018年）4頁。
[3] CGコード【原則1－4．政策保有株式】・補充原則1－4①・補充原則1－4②、ガイドライン4－1．～4－4。
[4] 改訂前CGコード【原則1－4．政策保有株式】。

1

加藤貴仁「『政策保有株式』に関する開示規制の再構築について」
金融商品取引法研究会（2019/03/15）

のほか、対話ガイドラインの脚注で明示されているように、企業内容等の開示に関する内閣府令における「みなし保有株式」などの、企業が直接保有していないが、企業の実質的な政策保有株式となっているものも含まれる。また、企業同士が互いの株式を相互に持ち合う、いわゆる株式の持合いのケースに限定されておらず、一方の企業が他方の企業の株式を一方的に保有するのものケースも含まれる。[5]

　我が国の株式保有構造の特徴として、上場会社Aが業務提携等を目的として他の上場会社Bの株式を保有することが広く行われてきたことを挙げることができる。[6]CGコードや対話ガイドラインでは、A社によるB社株式の保有は投資収益の獲得を目的とするものではないから、A社が保有するB社株式は政策保有株式となり、B社にとってA社は政策保有株主となる。[7]そして、A社がB社の株式を保有するだけではなく、B社もA社の株式を保有する場合、A社とB社は株式の持合いを行っているということになる。

　「政策保有株式」という用語が使用されているわけではないが、2010年3月に行われた企業内容等開示府令の改正により、「保有目的が純投資目的以外の目的である投資株式」に関する事項が有価証券報告書の記載事項とされた。[8]改訂前のCGコードは「いわゆる政策保有株式」に関する規定を設けることにより、政策保有株式は上場会社と機関投資家の対話の対象とされるべき事項であると位置づけた。[9]前述した2018年のCG

---

[5] 田原ほか・前掲注（2）20頁注(6)。「みなし保有株式」とは、「純投資目的以外の目的で提出会社が信託契約その他の契約又は法律上の規定に基づき株主として議決権を行使する権限又は議決権の行使を指図する権限…を有する株式（提出会社が信託財産として保有する株式及び非上場株式を除く。…）」のことをいう。企業内容等開示府令第2号様式記載上の注意（58）d。信託契約に基づくみなし保有株式の典型例は、いわゆる持合解消信託（株式流動化信託と呼ばれることもある）である。白井正和「持合解消信託をめぐる会社法上の問題」法学76巻5号（2012年）4－5頁。なお、以下では単に「企業内容等開示府令」と引用する場合は、2019年1月改正後のものを指す。

[6] 宮島英昭「日本企業の株式保有構造──歴史的進化と国際的特徴」商事法務2007号（2013年）17頁。

[7] 「政策保有株主」という用語も改訂前CGコードには存在しなかったが、改訂後のCGコードでは「自社の株式を政策保有株式として保有している会社（政策保有株主）」と明確に定義されている。CGコード・補充原則1－4①。

[8] 企業内容等開示府令（2019年1月改正前）第2号様式記載上の注意(56)(e)ii・第3号様式記載上の注意（37）。

[9] 油布志行＝渡邉浩司＝谷口達哉＝善家啓史「『コーポレートガバナンス・コード原

加藤貴仁「『政策保有株式』に関する開示規制の再構築について」
金融商品取引法研究会（2019/03/15）

コードの改訂及び対話ガイドラインの制定は、フォローアップ会議によって、政策保有株式に関する問題が、対話によって十分に解決されていないと判断されたことに基づくように思われる。[10]また、CGコードの改訂及び対話ガイドラインの策定と平仄を合わせて、金融審議会ディスクロージャーワーキング・グループ（以下、「ディスクロージャーWG」という）は、2018年6月28日、有価証券報告書において上場会社が開示しなければならない政策保有株式に関する情報を拡充することを提案した。[11]CGコードは改訂の前後を通じて、政策保有株式に関する一定の情報の開示を上場会社に求めてい

案』の解説〔Ⅱ〕」商事法務2063号（2015年）52頁、改訂前CGコード【原則1－4．いわゆる政策保有株式】。

[10] 2018年6月のCGコードの改訂は、2017年10月から2018年3月にかけて行われたフォローアップ会議の審議に基づくものである。そして、2017年10月18日に開催された第11回フォローアップ会議における審議（https://www.fsa.go.jp/singi/follow-up/gijiroku/20171018.html）では、金融庁の田原企業開示課長（当時）より、政策保有株式について、金融庁「コーポレートガバナンス改革の進捗状況」（2017年10月18日）に記載されたデータを参照しつつ、「政策保有株式についてでございます。こちらにつきましては、3メガバンクグループ等が、リスク管理の観点も踏まえ、その縮減目標を公表し、着実に縮減をしてきているところでございます。一方で、20ページをご覧頂きますと、左上のチャートでございますが、保有主体別で見たときに、事業法人間での持ち合いの水準が依然として高いのではないかというご指摘を頂戴することが多くございます。フォローアップ会議やスチュワードシップ・コードに関する有識者検討会におきましても、メンバーの方々からご指摘を頂戴しておりますが、右側の上のチャートのとおり、外国の投資家を含めた機関投資家の保有比率が上がっている一方で、政府、保険会社、銀行、事業法人といった政策保有株主の保有比率はあまり減っておりません。こういった状況が、経営の緊張感を失わせているのではないかというご指摘を、頂戴することが多いわけでございます。左下のチャートでございますけれども、企業の実務担当者への調査結果でも、約半分は安定株主だという回答が多いということでございます。一方、右下のチャートですけれども、政策投資資産を多く持っている会社は、統計的にはＲＯＥが低いということが言えるようでございまして、そういった観点からも、政策保有株式についてしっかり考えていく必要があるのではないかというご指摘を頂戴しております。」との説明があり、これに対して、多くのメンバーから賛同する意見が出されていた。

[11] 金融審議会ディスクロージャーワーキング・グループ「資本市場における好循環の実現に向けて」（2018年6月28日）（以下、「ディスクロージャーWG報告書」という。）13頁。

3

加藤貴仁「『政策保有株式』に関する開示規制の再構築について」
金融商品取引法研究会（2019/03/15）

る。このような情報に基づき、上場会社と機関投資家の対話が行われることが想定されている。ディスクロージャーWGの提案は、金融商品取引法の開示規制を通じて、上場会社と機関投資家の対話の実質化を図ることを企図している。そして、ディスクロージャーWGによる提案に基づき、同年11月2日に企業内容等開示府令の改正案が公表され、パブリックコメントを経て、2019年1月31日に公布・施行された。

　2018年6月に行われたCGコードの改訂と対話ガイドラインの策定、そして、2019年1月に行われた企業内容等開示府令の改正は、2010年3月の企業内容等開示府令の改正に始まるこれまでの政策保有株式に関する規制の延長線上にあるように思われる。すなわち、上場会社に対して一定の情報を開示することを求めた上で、資本市場の規律、すなわち、証券市場における取引及び上場会社と機関投資家の対話によって、政策保有株式の数を可能な限り減少させようとすることにある。しかし、このような相次ぐ改正が必要となったことは、これまでの規制の枠組みを維持した上で政策保有株式の数を減少させるために新たな仕組みを設けることの限界を示しているように思われる。[12]また、前述した政策保有株式の定義が示すように、その対象範囲は幅広い。[13]その結果、「政策保有株式」には様々な株式保有の形態が含まれることになるではなかろうか。「政策保有株式」は規制対象を画する概念であるから、その内容は可能な限り明確であることが望ましい。確かに、「企業が純投資以外の目的で保有している株式」という定義は一見すると明確である。[14]しかし、「政策保有株式」の中に種々雑多なものが含まれることに

---

[12] たとえば、2019年1月の企業内容等開示府令の改正に伴って行われたパブリックコメントにおいて、「政策保有株式の縮減に向けた方策を制度開示の中で実施する場合、過大な情報開示に繋がること、他の開示情報とのバランスを欠くことによる有価証券報告書の有用性の低下の懸念があること、企業側への過大な実務負担を強いること等のデメリットも考えられる。」との指摘がなされた。企業内容等の開示に関する内閣府令の改正（2019年1月31日施行）に伴い実施されたパブリックコメントNo84. 仮に資本市場の規律によって政策保有株式の数を減少させるという規制手法自体が限界点を迎えているならば、このような指摘を無視することは適切ではないように思われる。

[13] 前注（5）とその本文。

[14] 政策保有株式をこのように広く定義することは、改訂前CGコードの英語では、より明確にされていた。改訂前CGコードの英語版では、【原則1−4．いわゆる政策保有株式】は"Principle 1.4 Cross-Shareholdings"と、本文中の「政策保有株式」に相当する部分は"cross-shareholdings"と訳された上で、"cross-shareholdings"には"There are cases where listed companies hold the shares of other listed companies for reasons other than pure

加藤貴仁「『政策保有株式』に関する開示規制の再構築について」
金融商品取引法研究会（2019/03/15）

なる結果、規制の実効性を減少させている可能性はないであろうか。言い方を変えれば、「政策保有株式」の中には、それぞれ別の方法によって規制した方が望ましい問題が含まれているのではないか、ということである。

そこで本稿では、これまでの政策保有株式に関する規制の変遷を振り返り、その規制枠組み自体の合理性の再検討を行うことを試みる。2. では、2010年3月の企業内容等開示府令の改正から2019年1月の企業内容等開示府令の改正までを振り返り、政策保有株式に関する規制には複数の目的が含まれており、かつ、その間で重点の置き方にも変遷が見られることを指摘する。3. では、1つの制度によって複数の目的を同時に達成するのではなく、それぞれの目的の達成に適した制度が存在するのではないか、との観点から、政策保有株式に関する規制の再構築を試みる。4. は今後の課題となるが、特に、現在の政策保有株式に関する規制の枠組みはパッシブ運用の機関投資家を前提としなければ上手く機能しないが、東京証券取引所の市場区分の見直しによってその前提が崩れる可能性のあることを指摘する。

2. 政策保有株式に関する開示規制の変遷

（1）2010年3月の企業内容等開示府令の改正

2010年3月に行われた企業内容等開示府令の改正により、上場会社は自らが保有する政策保有株式の内容を有価証券報告書で開示することが求められるようになった。有価証券報告書において、政策保有株式に関する情報の開示は「コーポレート・ガバナンスの状況」に関する記載事項の1つとして位置づけられており、銘柄数と貸借対照表計上額の合計額や貸借対照表計上額が資本金額の1%を超える株式について具体的な保有目的を開示することが要求されている。[15]

---

investment purposes, for example, to strengthen business relationships. Cross-shareholdings here include not only mutual shareholdings but also unilateral ones."との脚注が付されていた。See Tokyo Stock Exchange, "*Japan's Corporate Governance Code; Seeking Sustainable Corporate Growth and Increased Corporate Value over the Mid- to Long-Term*" (June 1, 2015), at 8 note2.

[15] 企業内容等開示府令（2019年1月31日改正前）第二号様式記載上の注意(56)(e)ii。なお、上場会社は有価証券報告書を企業内容等開示府令第三号様式に基き作成しなければならないが、同様式の記載上の注意（37）は、上場会社が「コーポレート・ガバナンスの状況」を第二号様式の記載上の注意（56）に準じて記載することを求めてい

加藤貴仁「『政策保有株式』に関する開示規制の再構築について」
金融商品取引法研究会（2019/03/15）

　同改正は、1．で述べた資本市場の規律によって政策保有株式の数を減少させるという政策を明示的に採用するものであったと位置づけられる。[16]ただし、同改正は、金融審議会金融分科会・我が国金融・資本市場の国際化に関するスタディグループ（以下、「スタディグループ」という）の提言に基づくものであるが、2009年に公表された報告書は、政策保有株式ではなく株式の持合いを対象とした規制の導入を提言するものであった。

　「株式の持合いについては、資本や議決権の空洞化を招き、株主によるガバナンス機能を形骸化させる等の問題点が指摘されている。また、上場会社等の間での持合いは、株式の保有を通じて、例えば、市況変動が上場会社等の財務内容に影響を与え、又は、従来、財務諸表等で捉えられてきた契約や支配関係では表れないようなビジネス上の関係となり、上場会社等の経営に影響を及ぼし得るものであることから、その状況は、投資者の投資判断に際して重要な情報である。」[17]

　スタディグループの提言に基づく開示規制の導入は、株式の持合いを対象とした会社法の規制を補完するものであったように思われる。会社法は、明文の規定によって、株式の持合いを規制している。しかし、以下に述べる通り、会社法の規制対象は株式の持合いの一部にしか及んでいないし、株主が政策保有の目的で株式を保有すること自体が規制対象とされているわけではない。株式持合いについては、相互保有株式の議決権行使を停止するという形で規制がなされている（会社308条1項括弧書、会社則67条）。その結果、たとえば、A社がB社の総議決権の25％以上を保有している場合には、B社が保有するA社株式について議決権を行使することができなくなる。ただし、相互保有株式の定義を満たさない場合や、取引先等による一方的な株式保有については、制限は存在しない。そもそも、会社法が定める25％の基準を満たす株式持合いなど日本

る。

[16] 2010年3月に行われた企業内容等開示府令の改正の目的は上場会社のコーポレートガバナンスに関する開示の充実等にあった。そして、政策保有株式に関する開示を強化する目的として、会社による株式保有の合理性を投資家が判断するために有用な情報を開示させることが挙げられていた。谷口義幸「上場会社のコーポレート・ガバナンスに関する開示の充実等のための内閣府令等の改正」商事法務1898号（2010年）24頁。

[17] 金融審議会金融分科会・我が国金融・資本市場の国際化に関するスタディグループ「上場会社等のコーポレート・ガバナンスの強化に向けて」（2009年6月17日）（以下、「スタディグループ報告書」という）8頁。

においてあり得ないという批判が、規制が導入された当初からなされていた。[18]

　以上に述べた改正の経緯を踏まえると、2010年3月の企業内容等開示府令の改正の目的には株式持合の状況を明らかにすることが含まれているように思われる。ところが、実際に有価証券報告書において開示が要求されているのは、上場会社が保有している政策保有株式のみである。ある上場会社のコーポレート・ガバナンスに関する情報として、その株主の中に政策保有株主が占める割合や株式持合の規模は重要であると思われるが、これらの情報は開示規制の対象とはされなかったということである。

(2) ダブルコードの時代における政策保有株式の位置付け

　2015年に策定されたＣＧコードにも政策保有株式に関する規定があるが、2010年3月の企業内容等開示府令の改正と同じく、上場会社が保有する政策保有株式を対象としたものにとどまっている。策定時のCGコードの【原則1-4】は、以下のように述べている。

　「上場会社がいわゆる政策保有株式として上場株式を保有する場合には、政策保有に関する方針を開示すべきである。また、毎年、取締役会で主要な政策保有についてそのリターンとリスクなどを踏まえた中長期的な経済合理性や将来の見通しを検証し、これを反映した保有のねらい・合理性について具体的な説明を行うべきである。上場会社は、政策保有株式に係る議決権の行使について、適切な対応を確保するための基準を策定・開示すべきである。」

　前述した株式持合いに対するスタディグループの評価は、CGコードの策定に際しても基本的に引き継がれていたように思われる。[19]そして、CGコードは、上場会社による政策保有株式の一方的な保有による生じる問題だけではなく、株式持合いによって生じる問題も対処しようとしていたように思われる。[20]しかし、CGコードは上場会社の行動を規律の対象とするものであるから、上場会社が政策保有株式を保有することによって当該上場会社に生じる問題に焦点が充てられやすい構造となっているように思われる。金融庁におけるCGコード策定の担当者の解説においても、【原則1-4　いわゆ

---

[18] 得津晶「持合株式の法的地位（1）－株主たる地位と他の法的地位の併存－」法協125巻3号（2008年）2頁。
[19] 油布ほか・前掲注（9）51-52頁。
[20] このことは前注（14）で紹介した策定時のCGコードの英語版において、「政策保有株式」が"cross-shareholdings"と訳されていたことからも明らかである。

加藤貴仁「『政策保有株式』に関する開示規制の再構築について」
金融商品取引法研究会（2019/03/15）

る政策保有株式】を設ける根拠として、「上場会社の資本がいわゆる本業に直接投資されるのでなく、他の上場会社株式の投資に充てられる場合（しかも、投資の直接的なリターンを追求する通常の純投資ではない場合）、いわば『上場会社の外側にいて情報の非対称性の下におかれている』株主や投資家にとっては、そのような投資に事業上どのような意味合いがあるのかが必ずしも明確とならないという構造」が存在することが挙げられていた。[21]

　上場会社が政策保有株式を保有することによって当該上場会社に生じる問題とは、結局は、上場会社が政策保有の目的で他の上場会社の株式を取得・保有することは、（株主）資本コストを下回る便益しか期待できない可能性が高いということではないかと思われる。（株主）資本コストとは、投資者が株式投資に期待する収益率を、投資先である上場会社の立場から表現したものである。[22] したがって、資本コストを下回る便益しか得ることが期待できないにも関わらず政策保有株式の保有を継続することは、上場会社の取締役が株主利益の最大化及び企業価値の最大化の観点からは正当化できない行動をとっていることを意味している。[23] しかし、取締役がこのような行動をとる可能性は政策保有株式に関してのみ存在するというわけではなく、いわゆる余剰資金（フリーキャッシュフロー）の使途一般に存在するように思われる。[24]

　（日本語版の）CGコードには株式持合いに明示的に言及する規定は存在しないが、スタディグループが指摘した株式持合いの問題は、現存する株式持合いにおいても存在するように思われる。特に、「議決権の空洞化」は、ダブルコードの時代において、ダ

---

[21] 油布ほか・前掲注（9）52頁。

[22] 加藤貴仁「コーポレートガバナンスと2つのコード――スチュワードシップ・コードとコーポレートガバナンス・コード」法の支配186号頁（2017年9月）84頁。

[23] 取締役は企業価値最大化の観点から望ましい意思決定を行うよう注意を尽くす義務を会社に対して負うが、多くの場合、企業価値の最大化と株主利益の最大化は実質的に同義である。加藤・前掲注（22）84頁。株主利益の最大化が企業価値の最大化および企業の持続的成長につながるメカニズムの詳細な説明については、田中亘「上場会社のパラドックス」江頭憲治郎先生古稀記念論文集『企業法の進路』42-46頁（有斐閣、2017年）を参照。

[24] 本稿は、フリーキャッシュフローを「企業が事業活動で生み出したキャッシュ・フロー（現金収入）を用いて必要な投資を行い、後に残る分」と理解した上で、以下の分析を行っている。久保田安彦「株式価値の評価」田中亘編著『数字でわかる会社法』（有斐閣、2013年）16頁。

加藤貴仁「『政策保有株式』に関する開示規制の再構築について」
金融商品取引法研究会（2019/03/15）

ブルコードが機能する条件と密接に関係しているように思われる。ダブルコードは、上場会社と機関投資家の間で実質的な対話が行われることを重視している。[25]ところが、株式持合いの存在は、以下に述べる通り、機関投資家が対話を通じて上場会社の経営を変化させることができる可能性に影響を与えるからである。そして、このような問題は株式持合いに限ったものではなく、政策保有株主による議決権行使一般に存在するのである。

たとえば、上場会社Ａと上場会社Ｂが、株式持合いを行っていたとしよう。株式持合いの目的を問わず、Ａ社はＢ社の株式についてＢ社の経営者に友好的に議決権を行使し、Ｂ社はＡ社の株式についてＡ社の経営者に友好的に議決権を行使する可能性が高いように思われる。なぜなら、仮にＡ社の経営者がＢ社の経営者に対して敵対的に議決権を行使する場合、Ｂ社の経営者は報復措置としてＡ社の経営者に敵対的な形で議決権を行使できるからである。その結果、Ａ社のＢ社株主としての行動は、Ｂ社株式の価値最大化及びＢ社の企業価値最大化から乖離することになる。Ｂ社のＡ社株主としての行動も同様である。

株式持合いによる「議決権の空洞化」は、株主が株主として行動する際に、株式価値の最大化及び株式の発行会社の企業価値の最大化とは異なる観点から行動するという問題の一類型である。類似の問題は、株式持合いではなくＡ社が一方的にＢ社株式を政策保有株式として保有する場合にも生じる可能性がある。たとえば、Ａ社がＢ社株式を保有する目的が業務提携を円滑に進めることにあるならば、Ｂ社も業務提携の存続を望んでいる限り、Ａ社はＢ社株式の議決権を行使する際にＢ社の経営者に対して友好的な立場をとるであろう。

確かに、株主としての経済的利益の最大化とは別の目的で株式を保有することは禁止されてない。しかし、このような目的で株主となる者が増加することは、以下の通り、「スチュワードシップ責任を果たすための機関投資家の活動（以下「スチュワードシップ活動」という。）」）の費用を増加させる可能性がある。[26]

機関投資家が単独で又は集団的に投資先に働きかけたとしても、上場会社の現在の経営者を指示する株主の数が多ければ、機関投資家による働きかけは成功しない。なぜなら、経営者は機関投資家の要望を聞き入れなくても、株主総会で再任される可能性が高

---

[25] 加藤・前掲注（22）85頁。

[26] 「スチュワードシップ責任」及び「スチュワードシップ活動」という用語については、Ｓコードにおいて定義されている。

加藤貴仁「『政策保有株式』に関する開示規制の再構築について」
金融商品取引法研究会（2019/03/15）

いからである。このような株主の多くが株主利益最大化の観点から現在の経営者を支持しているのであれば、機関投資家の働きかけが成功しなかったことは問題ではない。ある機関投資家が他の株主から支持を得ることができなかったということは、株主利益最大化の観点から見て、その機関投資家の提案は現在の経営方針より劣っていたことを意味するからである。しかし、現在の経営者の地位が政策保有株主を初めとする株主としての経済的利益の最大化とは別の目的で株式を保有する者の支持によるものであれば、企業価値及び株主利益最大化に資するようなスチュワードシップ活動が成功しなかった可能性が存在することになる。[27]スチュワードシップ活動がその内容の善し悪しとは別の理由で失敗する可能性が存在する場合、機関投資家にとってスチュワードシップ活動ではなく投資先の変更を選択することが、最終受益者の利益最大化の観点からは望ましいことになる。

　機関投資家が投資先企業と対話を繰り返しても、投資先企業のコーポレートガバナンスや経営戦略が良い方向に変わる見込みが小さければ、以下のような悪循環が生まれる可能性がある。投資先の変更を選択した方が望ましい場合が多くなれば、機関投資家が投資先企業と建設的な対話を行うために必要な情報収集及び専門知識の習得のための投資を行わないことも最終受益者の利益最大化の観点から合理的な行動となってしまう。[28]このような投資を十分に行われなければ、機関投資家が投資先企業と建設的な対話を行うことは困難となる。加えて、このような投資を十分に行っている機関投資家とその他の機関投資家を区別することが困難である場合、投資先企業は機関投資家との対話に対して一般的に懐疑的な立場で臨むのではなかろうか。このことは機関投資家が投資先企業へ関与する際に負担しなければならない費用を増やすだけではなく、対話によ

---

[27] このような可能性の存在は、ある事項が株主総会で承認されたことの意味を問い直す契機にもなる。たとえば、ブルドッグソース事件最高裁決定（最決平成19・8・7民集61巻5号2215頁）は、「会社の企業価値がき損され、会社の利益ひいては株主の共同の利益が害されることになるか否かについては、最終的には、会社の利益の帰属主体である株主自身により判断されるべきものである」と述べた。これに対して、ブルドックソース事件において株主の圧倒的多数が敵対的企業買収防衛策に賛成したという状況は、敵対的企業買収の提案を受けて、買収対象会社が株式の持合いを強化した点にあることが指摘されている。胥鵬＝田中亘「買収防衛策イン・ザ・シャドー・オブ株式持合い――事例研究」商事法務1885号（2009年）4頁。
[28] 加藤貴仁「スチュワードシップ・コードの理論的考察―機関投資家のインセンティブ構造の観点から」ジュリスト1515号（2018年）19頁。

加藤貴仁「『政策保有株式』に関する開示規制の再構築について」
金融商品取引法研究会（2019/03/15）

って投資先企業の行動が変わる可能性も減らすことになる。その結果、投資先企業と建設的な対話を行うために必要な投資が顧客・受益者に利益をもたらす可能性も減ることになる。

(3) 政策保有株主を対象とした規制の導入（？）

　株式持合及び政策保有株主の存在は、ダブルコードが前提とする上場会社と機関投資家の対話の実効性に影響を与える可能性がある。したがって、ダブルコードによる我が国の上場会社のコーポレートガバナンスの改革を志向する立場からは、何らかの対処が必要な課題として位置づけられる。

　2018年6月1日に改訂されたCGコードは、上場会社が保有する政策保有株式だけではなく、以下の通り、株式を政策保有株主に保有させていることを対象とした規定が新たに導入された。

　【補充原則1-4①】　上場会社は、自社の株式を政策保有株式として保有している会社（政策保有株主）からその株式の売却等の意向が示された場合には、取引の縮減を示唆することなどにより、売却等を妨げるべきではない。

　【補充原則1-4②】上場会社は、政策保有株主との間で、取引の経済合理性を十分に検証しないまま取引を継続するなど、会社や株主共同の利益を害するような取引を行うべきではない。

　CGコードの改訂と同時に行われた対話ガイドラインの中にも、【政策保有株主との関係】との題目のもと、以下の通り同趣旨の規定が存在する。

　4-3. 自社の株式を政策保有株式として保有している企業（政策保有株主）から当該株式の売却等の意向が示された場合、取引の縮減を示唆することなどにより、売却等を妨げていないか。

　4-4. 政策保有株主との間で、取引の経済合理性を十分に検証しないまま取引を継続するなど、会社や株主共同の利益を害するような取引を行っていないか。

　CGコードの改訂も対話ガイドラインの策定も、フォローアップ会議の提言に基づくものである。[29] フォローアップ会議の政策保有株式に対する認識は、スタディグループの報告書から実質的には変わっていないように思われる。[30] しかし、これまでは株式を

---

[29] フォローアップ会議提言・前掲注（2）1頁。

[30] フォローアップ会議は、「政策保有株式については、企業間で戦略的提携を進めていく上で意義があるとの指摘もある一方、安定株主の存在が企業経営に対する規律の緩

11

加藤貴仁「『政策保有株式』に関する開示規制の再構築について」
金融商品取引法研究会（2019/03/15）

政策保有する側を対象とした規制に重点が置かれていたのに対して、株式を政策保有させている側を規制対象とする必要性にも言及がなされている点は注目に値するように思われる。

　2018年6月28日に公表されたディスクロージャーWG報告書では、有価証券報告書において、以下の通り、上場会社の政策保有株主に関する情報を開示事項として追加することが提案された。

　　「投資判断を行う上では、投資先企業が保有する政策保有株式の状況を検証する必要があるのはもちろんのこと、当該投資先企業の株式が政策保有目的の株主に保有されている状況についても検証する必要があるとの意見があった。これについては、提出会社が政策保有株式として株式を保有している相手方が、当該提出会社の株主となっている場合には、実務にも配慮しながら、当該相手方に保有されている株式について記載を求めることが考えられる。」[31]

　この提案に基づき、2019年1月に施行された企業内容等開示府令では、新たに、有価証券報告書の提出会社が政策保有する株式の発行者が当該提出会社の株式を保有しているか否かを開示することが求められることになった。[32]

みを生じさせているのではないかとの指摘や、企業のバランスシートにおいて活用されていないリスク性資産であり、資本管理上非効率ではないかとの指摘もなされている。」と述べる。フォローアップ会議提言・前掲注（2）2-3頁。

[31] ディスクロージャーWG報告書・前掲注（11）15頁。

[32] 企業内容等開示府令（2019年1月31日改正）第二号様式記載上の注意（58）d（g）。このような開示規制を新たに設けることに対しては、上場会社が自らの株主構成を知ることには限界があるとの懸念が表明された。ディスクロージャーWG第7回（2017年6月8日）議事録（石原秀威発言）。この点を、まず、A（有価証券報告書の提出会社）とBが株式持合いを行っている場合を題材にして検討してみよう。株式持合いが相互の合意に基づき行われている場合、両者の間で情報の遣り取りを行うことは容易であるから、Aに対して、Bの株式を政策保有株式として保有していることだけではなく、BがAの株式を政策保有株式として保有していること、すなわち、BがAの政策保有株主であることの開示を義務付けることは、Aに過剰な負担を課すことにはならないように思われる。仮に、AとBの間で情報の遣り取りを行うことが困難であっても、上場会社は、株主総会で議決権を行使できる株主を確定するための基準日に株式を保有している者を、総株主通知に基づき株主名簿の名義書換えが行われることによって認識することができる。したがって、Aにとって、少なくとも、Bが株主名簿上の株主であるか否かを確認することは困難であるとはいえないように思われ

(4) 小括

 2010年3月の企業内容等開示府令によって政策保有株式を対象とした開示規制が導入されたが、同改正が依拠したスタディグループの報告書は株式持合いに関する規制を提言していた。このような経緯を踏まえると、2010年3月の企業内容等開示府令は、上場会社に対して政策保有株式を保有することの合理性を株主等に説明することを義務付けることによって、「企業価値最大化の観点から正当化できない」株式持合いの規模を減らすことを目的としていたと理解することが適切である。ただし、株式持合いを伴わない一方的な政策保有株式の保有も開示規制の対象となったため、株式持合いの合理性というよりは政策保有株式を保有することの合理性が問われるようになったように思われる。

 株式持合いと政策保有株式には、株主が株主として行動する際に、株式価値の最大化及び株式の発行会社の企業価値の最大化とは異なる観点から行動するという共通した問題を抱えているが、異なる点もあるように思われる。たとえば、株式持合いには上場会社の経営者がentrenchmentの手段として行う危険性が常に存在するが、上場会社が政策保有株式を一方的に保有することは少なくとも保有する側にとってentrenchmentが主たる目的であるとはいえない。したがって、政策保有株式を開示規制の対象とするとしても、一方的な政策保有株式の保有と株式持合いとしての保有には重要な差異があることを踏まえて、両者を区別することが望ましいように思われる。2019年1月の企業内容等開示府令はこのような観点からも合理性が認められるように思われる。[33]

 ただし、両者を区別するべきとして、次に、機関投資家と上場会社が一方的な政策保

る。

[33] たとえば、前注（32）とその本文で示したように、2019年1月の企業内容等開示府令の改正により、上場会社は、有価証券報告書において、保有する政策保有株式の中で株式持合いの関係にあるものを明示することが義務付けられることになった。その結果、機関投資家が上場会社と対話を行う際に、株式持合いの関係にある政策保有株式の重点を置くことが容易になるように思われる。もちろん、これまでも機関投資家がこのような対応をすることは可能であったが、複数の上場会社の有価証券報告書を照らし合わせるなどして自ら株式持合いの存在を調査するか、第三者に調査させる必要があった。そして、そのために必要な費用は機関投資家が負担しなければならなかった。

有株式の保有と株式持合いを対象とした対話を行う場合、考慮することが望ましい要素が異なるかも検討する必要がある。仮に何らかの差異が存在するのであれば、むしろ、異なった問題として対話が行われることが望ましい。突き詰めると、一方的な政策保有株式の保有と株式持合いを比較した場合に、規制の必要性の程度に差異が存在するか、「開示規制＋資本市場の規律」という規制枠組みが双方にとって望ましいのかも検討する必要があるように思われる。

3. 政策保有株式を対象とした規制の再構成の試み

（1）方向性

　政策保有株式を対象とした開示規制が導入されてから間もなく10年が経とうとしているが、導入時の経緯に立ち返り、その目的には株式持合いを規制することが含まれていたことを再確認することが望ましい。現在の我が国の上場会社を取り巻く状況を踏まえると、政策保有株式に関連して生じる問題には、少なくとも2つの異なる問題が混在しているように思われる。第1に、上場会社が政策保有株式を保有したとしても、（株主）資本コストを上回る収益を期待することはできないのではないか、ということである。第2に、政策保有株主の数の増加は、株式持合いが典型的に示すように、株式価値の最大化及び株式の発行会社の企業価値の最大化とは別の観点から経営者に友好的な株主の数が増加することになり、機関投資家と上場会社の対話の実効性を減少させのではないか、ということである。

　このような認識は実はCGコードの構造と整合的である。すなわち、制定時及び改訂後の双方において、政策保有株式に関する規定は、【原則1−3．資本政策の基本的な方針】と【原則1−5．いわゆる買収防衛策】の間に位置づけられている。前述した政策保有株式の問題の第1の要素は【原則1−3．資本政策の基本的な方針】と、第2の要素は【原則1−5．いわゆる買収防衛策】の双方と密接に関係しているのである。

　このように政策保有株式によって2つの異なる問題が生じることを前提とすることにより、それぞれの問題について現在の規制枠組みが適切であるのか、代替的な規制の方法が存在するのか、といった点を効率的に分析することが可能となるように思われる。以下では、CGコードにおける政策保有株式に関する規定の位置づけを意識しながら、それぞれの問題点について規制を再構築する必要性があることを示したい。

加藤貴仁「『政策保有株式』に関する開示規制の再構築について」
金融商品取引法研究会（2019/03/15）

(2) 資本政策と政策保有株式の保有

　政策保有株式の保有によって（株主）資本コストを上回る収益を期待することはできないのであれば、政策保有株式を処分し、その換価代金を他の事業活動に投資するか株主に返還することが、株主利益の最大化の観点からは望ましいということになる。このように考えると、政策保有株式の保有は、余剰資金（フリーキャッシュフロー）の使途に関する問題（余剰資金か否かという問題も含む）の一つとして位置づけられるべきであるように思われる。このような立場に基づくと、たとえば、対話ガイドラインの政策保有株式に関する規定（特に【政策保有株式の適否の検証等】の4-1.）は、 2．投資戦略・財務管理の方針 の特則ということになる。[34] したがって、機関投資家と上場会社が対話する際には、政策保有株式の保有に関する方針と投資戦略・財務管理の方針の整合性などが意識されることが望ましい。

　ただし、このような立場を突き詰めていくと、政策保有株式に焦点を絞った開示規制及び資本市場の規律を通じて（株主）資本コストを下回る収益しか期待できない政策保有株式の保有を減少させるという基本的な発想に再検討の余地があることも明らかになる。

　第1に、政策保有株式と純投資目的の株式保有を比較した場合、余剰資金の使途に関する問題としては、むしろ、後者の方が重要であるように思われる。

　第2に、上場会社が取引関係の維持・強化を目的として政策保有株式を保有する場合、その合理性を客観的に判断することは困難であるように思われる。純投資目的の株式保有の合理性を判断する際には、株価や剰余金の配当の額などの客観的な情報を利用することができるし、確立された投資理論を参照することもできる。しかし、政策保有株式の合理性を判断するためには、その保有によって維持・強化することが意図されている取引関係の合理性自体を検証する必要がある。[35]

---

[34] 2．投資戦略・財務管理の方針 は、以下の2つの規定から構成される。
2-1. 保有する資源を有効活用し、中長期的に資本コストに見合うリターンを上げる観点から、持続的な成長と中長期的な企業価値の向上に向けた設備投資・研究開発投資・人材投資等が、戦略的・計画的に行われているか。
2-2. 経営戦略や投資を踏まえ、資本コストを意識した資本の構成や手元資金の活用を含めた財務管理の方針が適切に策定・運用されているか。
[35] 前注（5）で紹介した持合解消信託の場合、有価証券報告書の提出会社は議決権行使に関する指図権を有しているが信託財産である株式について受益権を有していない

15

加藤貴仁「『政策保有株式』に関する開示規制の再構築について」
金融商品取引法研究会（2019/03/15）

　もちろん、このような取引関係の合理性を検証する際に、取引の内容や条件、規模といった客観的な指標を参照することはできる。しかし、このような問題は、本来は取締役の経営判断に委ねられるべき事項であると思われる。[36]もちろん、機関投資家と上場会社の対話が、上場会社にとって、これまで政策保有株式の保有により維持・強化しようとしてきた取引関係の見直しを検討する契機となる可能性はある。しかし、このような気付きを上場会社に与えることができる機関投資家は、投資先の事業について相当の専門的な知見を有する者に限られるように思われる。また、このような対話が政策保有株式の保有及び取引関係の見直しという成果を挙げるためには、上場会社に機関投資家との対話に時間と費用をかける意義を見出してもらう必要がある。そのためには、上場会社が機関投資家の専門的な能力を信頼できるだけではなく、上場会社にとって機関投資家と対話を行う必要性が存在することが必要である。そして、対話の必要性の程度は、各上場会社の株主構成によって異なるように思われる。

（3）買収防衛策と政策保有株式・政策保有株主

　株式持合いの対象となる株式の数が増えれば増えるほど、経営者に友好的な株主の数

場合もある。このような場合、みなし保有株式の「保有」を継続することの合理性は、みなし保有株式の「保有」自体から経済的なリターンを得ることができない以上、それによって維持・強化を図ることが意図されている取引関係の合理性によって決まることになる。

[36] 株式持合い関係にない場合、政策保有株式の保有を継続するか否かに関する取締役の会社に対する義務違反の有無の判断は、最判平成22年7月15日判時2091号90頁（「前記事実関係によれば、本件取引は、［株式会社アパマンショップマンスリー］を［株式会社アパマンショップリーシング］に合併して不動産賃貸管理等の事業を担わせるという参加人のグループの事業再編計画の一環として、［株式会社アパマンショップマンスリー］を参加人の完全子会社とする目的で行われたものであるところ、このような事業再編計画の策定は、完全子会社とすることのメリットの評価を含め、将来予測にわたる経営上の専門的判断にゆだねられていると解される。そして、この場合における株式取得の方法や価格についても、取締役において、株式の評価額のほか、取得の必要性、参加人の財務上の負担、株式の取得を円滑に進める必要性の程度等をも総合考慮して決定することができ、その決定の過程、内容に著しく不合理な点がない限り、取締役としての善管注意義務に違反するものではないと解すべきである。」）に基づき行われる可能性が高いように思われる。

加藤貴仁「『政策保有株式』に関する開示規制の再構築について」
金融商品取引法研究会（2019/03/15）

が増加する。このような株主は株式価値の最大化及び株式の発行会社の企業価値の最大化とは異なる観点から行動するから、敵対的な企業買収の提案に応じない可能性がある。また、経営者は、このような株主の支持を背景として、機関投資家を初めとするその他の株主の意見に耳を傾けなくなる可能性もある。したがって、株式持合いは、買収防衛策として機能するだけではなく、上場会社が機関投資家と実質的な対話を行う必要性を減少させる。

　2019年1月の企業内容等開示府令の改正により株式持合いを構成する政策保有株式であるか否かを有価証券報告書において開示することが求められたことによって、機関投資家がそのような政策保有株式の保有に焦点を絞って対話を行うことが可能になったと言えるように思われる。対話ガイドラインの政策保有株主に関する規定（4-3.と4-4.）は、このような理解と整合的であるように思われる。[37]しかし、機関投資家と上場会社の対話によって、会社及び株主全体の利益の観点から正当化できない株式持合いを減らすという政策には、以下のような限界があるように思われる。

　第1に、2019年1月の企業内容等開示府令の改正により開示が要求されることになったのは、政策保有株式が株式持合いを構成するか否かに限られる。たとえば、前述したA社とB社の株式持合いに不満を持つ機関投資家がA社との対話によってB社株式を売却させた場合、以降、A社の有価証券報告書には、仮にB社が政策保有株式としてA社株式を継続保有していたしても、この点は開示されなくなる。[38]そして、仮にB社がA社の政策保有株主として残存するならば、A社の株主の中に占める、A社及びその株主全体の利益の最大化とは異なる観点から行動する可能性のある株主の割合は変わらないということになる。

　第2に、A社とB社の株式持合いがA社の利益に反するとしても、株式持合いの完全な解消は、A社によるB社株式の売却だけではなく、B社によるA社株式の売却に

---

[37] 上場会社Aと上場会社Bが株式持合いを行っている場合、A社にとって、A社が保有するB社株式は政策保有株式であり、A社の株主を保有するB社は政策保有株主となる。Aの有価証券報告書において政策保有株式としてB社株式を保有していることを開示する場合、合わせてB社がA社株式を保有していることも開示しなければならない。機関投資家と上場会社がA社とB社の株式の持合いについて意味のある対話を行おうとする場合、A社による一方的なB社株式の保有だけではなく、B社によるA社株式の保有も対象とする必要があるのではなかろうか。

[38] また、A社とB社の2当事者間株式持合いが、B社→A社→C社→B社の3当事者間の株式持合いに移行しても、その事実はA社の有価証券報告書には現れない。

加藤貴仁「『政策保有株式』に関する開示規制の再構築について」
金融商品取引法研究会（2019/03/15）

よって可能となる。前述した第1の点を踏まえると、A社によるB社株式の売却とB社によるA社株式の売却が同時に行われないと、A社の株主構成は大きく変化しない可能性がある。したがって、機関投資家がA社とB社の株式持合いを完全に解消させるためには、A社だけではなくB社とも対話する必要がある。しかし、B社と対話するためにはB社株式を保有する必要があるが、A社の株式価値を向上させるためにB社株式を保有することが費用対効果の観点から正当化できる場合は限られるように思われる。

第3に、機関投資家と上場会社の対話によって株式持合いが一時的に減少したとしても、それは単なる2当事者間の株式持合いを維持することができなくなったことしか意味しない。上場会社は株式持合いの解消によって生じた空白を、別の手段で埋める可能性がある。たとえば、A社とB社の株式持合いが完全に解消したとしても、A社は新たにC社に対してA社株式の保有を促し、経営者に友好的な株主の割合を維持しようとする可能性を否定することはできない。

2019年1月の企業内容等開示府令の改正が株式持合いに与える影響は、今後、検証されるべき問題である。将来的に新たな制度改正が検討される際には、既存の規制枠組みには、少なくとも前述した3つの問題が存在することが意識されるべきである。このような問題点を踏まえて、以下では改善の方向性を試みに示したい。

まず、情報開示は手段に過ぎず、開示させること自体は目的ではないことを再確認したい。政策保有株式に関する開示規制の目的は、株式持合いの減少等、有価証券報告書を提出する会社の株主構成を変化させることにあると思われる。しかし、各会社にとって望ましい株主構成は必ずしも明らかではないから、規制の目的としては、会社及びその株主全体の利益を害する可能性のある株主構成の修正及びそのような株主構成への移行の阻害が挙げられるべきである。現在の規制枠組みは、政策保有株式の保有に関する上場会社の行動を変化させることで、そのような目的を達成しようとしていると理解することができる。[39]しかし、前述した規制の目的に照らし問題とされるべき上場会社の行動は、政策保有株式の保有に限らない。上場会社が自らの株主構成に影響を与える

---

[39] 対話ガイドラインの政策保有株主に関する規定（4-3.と4-4.）は、A社とB社の間に株式持合い関係がない場合でも、A社とB社が何らかの合意に基づきB社がA社株式を政策保有株式として保有することを、機関投資家とA社の対話の対象とされるべきとの考え方と整合的である。しかし、2019年1月の企業内容等開示府令の改正後も、A社がB社株式を政策保有株式として保有していない限り、B社がA社株式を保有しているか否かはA社の有価証券報告書には記載されない。

加藤貴仁「『政策保有株式』に関する開示規制の再構築について」
金融商品取引法研究会（2019/03/15）

行動には、構造的に、資本市場の規律の弱体化につながる危険性がある。

その一方で、一般論としてはあるが、個々の上場会社にとって最適な株主構成（資本構成）が存在するのであれば、そのような株主構成を達成することを目的として上場会社が種々の施策を実施することは当然に否定されるべきではない。[40]この点も踏まえると、上場会社の行動を変えるという点では、政策保有株式について更に追加的な情報の開示を求めるよりも、各会社が望ましいと考える株主構成に関する方針（それを達成するために行っている施策を含む）を開示させた方が、効果的であるように思われる。このような方針が機関投資家との対話の対象に加わることで、株主構成に変化を与えようとする上場会社の行動が資本市場によって規律付けられることも期待できる。[41]

4. 今後の課題

政策保有株式に関する規制の目的は、資本市場の規律を通じて、（株主）資本コストを下回る収益しか期待できない政策保有株式の数と株式持合いの規模を減少させるこ

---

[40] 加藤貴仁「上場会社による種類株式の利用―AA 型種類株式の発行が提起した問題―」金融商品取引法研究会編『金融商品取引法制に関する諸問題（下）』（2018 年 10 月）141 頁。

[41] 資本市場の規律には、対話だけではなく、投資先の選別も含まれる。投資先の選別という資本市場の規律を株主構成について働かせるためには、株主構成に関する情報開示の充実も選択肢となる。現在、有価証券報告書では、株式等の状況として、所有者別状況と大株主の状況の開示が求められている。企業内容等開示府令第 3 号様式第一部【企業情報】第 4【提出会社の状況】1【株式等の状況】(5)(6)。このような情報は機関投資家が投資先を選別する際に有用なものとなっているのか、再検討しても良いように思われる。たとえば、A 社の発行済株式総数に占める政策保有株主が保有する株式の割合は、対話によって上場会社の経営が変化する可能性を引き下げるから、運用方針に上場会社との対話を組み込んでいる機関投資家にとっては、事前に明らかになっていた方が望ましい事項といえるのではなかろうか。ただし、上場会社に対して株主構成に関する詳細な情報の開示を求める場合には、上場会社が自らの株主構成に関する情報を知るために利用できる手段が十分に存在するかも合わせて検討する必要がある。前注（32）で検討したように 2019 年 1 月の企業内容等開示府令が要求する程度の開示であれば、株主名簿を確認するだけで十分に対応可能であると思われる。しかし、より詳細な株主構成に関する情報を上場会社に対して求める場合には、株主名簿だけで足りるのかが問題となるように思われる。

加藤貴仁「『政策保有株式』に関する開示規制の再構築について」
金融商品取引法研究会（2019/03/15）

とにある。ダブルコードは、これらが機関投資家と上場会社の対話によって達成されることを想定している。これに対してダブルコードは、対話が成果を上げない場合に株式を売却するという選択を、否定してはいないとしても、その構造に明確な形で取り込んではいないように思われる。すなわち、ダブルコードで想定されている機関投資家は、主にパッシブ運用の機関投資家ではないかと推測される。この点は、以下に述べる通り、特に政策保有株式の規制との関係で重要な意味を持つ。

　たとえば、政策保有株式の数が多い会社の中には余剰資金を抱えている会社が含まれるので、将来的な株主還元の拡大を期待して株式を保有している機関投資家が存在するかもしれない。しかし、政策保有株主の数が多い場合、会社は機関投資家の政策保有株式の売却に対する要望を受け入れない可能性が高い。このような場合、機関投資家は粘り強く対話を行うよりも、株式を売却する方が最終受益者の利益に適うのではないか。対話を通じた政策保有株式の縮減という政策は、株式の売却という選択が限られている投資家、すなわち、パッシブ運用を行う投資家を前提にしないと成り立たないように思われる。同様のことは、株式持合いの解消にも当てはまるように思われる。さらに、対話を通じた株式持合いの解消が成果を挙げるためには、持合関係にある当事者全ての株式を保有することが有用であるが、この点でも、パッシブ運用の投資家の存在は重要である。[42]

　現在、東京証券取引所は「市場構造の在り方等に関する懇談会」を設置し、市場区分の見直しを検討している。[43]市場区分の見直しは、TOPIXなどの指数を構成する銘柄の見直しにもつながる可能性がある。[44]このような見直しの結果、主要な指数の構成銘柄から外れた上場会社は、パッシブ運用の投資先から外れることになる。さらに、主要な指数を構成する銘柄が絞られた場合、パッシブ運用の投資家が持合関係にある当事者全ての株式を保有する場合も限られるのではなかろうか。

　パッシブ運用の機関投資家の存在は、政策保有株式に関する規制だけではなく、ダブ

---

[42] 現在の規制枠組みでは必ずしも明らかではないが、株式持合い関係にない政策保有株主の存在も規制対象として位置づけた場合、同様に、政策保有株式を保有する側と保有される側の双方を同じ機関投資家が保有していることは、このような関係を解消させることにとっては有用であろう。

[43] https://www.jpx.co.jp/equities/improvements/market-structure/index.html (last visited at Mar. 14, 2019).

[44] TOPIXとは、東京証券取引所の市場第一部に上場する内国普通株式全銘柄から構成される、浮動株時価総額加重型の指数である。*See* https://www.jpx.co.jp/markets/indices/topix/ (last visited at Mar. 14, 2019).

加藤貴仁「『政策保有株式』に関する開示規制の再構築について」
　　　　　　　　　　金融商品取引法研究会（2019/03/15）

ルコードが機能するための重要な前提でもあるように思われる。今後、パッシブ運用がどのような経路を辿っていくかを見通す能力を筆者は持っていない。しかし、機関投資家の運用方針は機関投資家の行動原理に大きな影響を与えることは間違いないように思われる。したがって、ダブルコードのように機関投資家に多くを期待する規制枠組みにおいては、彼らの行動原理が何に基づいているのかを観察し続けることが必要となる。

資 料

参考資料1：政策保有株式に関する開示規制の変遷（除く、企業内容等開示府令）

金融審議会金融分科会・我が国金融・資本市場の国際化に関するスタディグループ「上場会社等のコーポレート・ガバナンスの強化に向けて」（2009年6月17日）Ⅱ．市場における資金調達等をめぐる問題－5．株式の持合い

- 「株式の持合いは、１９９０年代以降減少傾向にあったが、最近になって再び増加傾向にある。株式の持合いについては、資本や議決権の空洞化を招き、株主によるガバナンス機能を形骸化させる等の問題点が指摘されている。また、上場会社等の間での持合いは、株式の保有を通じて、例えば、市況変動が上場会社等の財務内容に影響を与え、又は、従来、財務諸表等で捉えられてきた契約や支配関係では表れないようなビジネス上の関係となり、上場会社等の経営に影響を及ぼし得るものであることから、その状況は、投資者の投資判断に際して重要な情報である。
- こうした中で、既に一部の会社においては、持合いの状況についての自主的な開示が行われているところであり、このような開示の一層の促進を図ることが適当である。また、相互に又は多角的に明示・黙示の合意のもとで、株式を持ち合っているような一定の持合い状況の開示について、制度化に向けて検討されるべきである。
- なお、この関連では、銀行等の保有株式や銀行等と事業会社の間の持合い株式について、銀行の経営の健全性を確保し、過度の信用収縮を防止する観点から、平成２４年３月末までの時限の措置として、銀行等保有株式取得機構による株式等の取得が再開されているところであり、持合いの解消を進め、株主によるガバナンス機能の強化を図っていく観点からも、その積極的な活用が望まれる。また、同制度の活用等を通じて株式の保有構造の転換を円滑に進めていくためには、一方で、その受け皿となる個人や個人を最終受益者とする機関投資家による投資の促進が重要であり、当スタディグループが既に提言４した、個人の資産形成促進スキームの導入を含め、このための一層の環境整備が進められるべきである。」

東京証券取引所「コーポレートガバナンス・コード～会社の持続的な成長と中長期的な企業価値の向上のために～」（2015年6月1日）

- 【原則１－４．いわゆる政策保有株式】
  - 上場会社がいわゆる政策保有株式として上場株式を保有する場合には、政策保有に関する方針を開示すべきである。また、毎年、取締役会で主

1

参考資料1：政策保有株式に関する開示規制の変遷（除く、企業内容等開示府令）

要な政策保有についてそのリターンとリスクなどを踏まえた中長期的な経済合理性や将来の見通しを検証し、これを反映した保有のねらい・合理性について具体的な説明を行うべきである。
> 上場会社は、政策保有株式に係る議決権の行使について、適切な対応を確保するための基準を策定・開示すべきである。

スチュワードシップ・コード及びコーポレートガバナンス・コードのフォローアップ会議「コーポレートガバナンス・コードの改訂と投資家と企業の対話ガイドラインの策定について」（2018年3月26日）2．コードの改訂と対話ガイドラインの策定に当たっての考え方　4．政策保有株式

- 近年、政策保有株式は減少傾向にあるものの、事業法人による保有の減少は緩やかであり、政策保有株式が議決権に占める比率は依然として高い水準にある。
- 政策保有株式については、企業間で戦略的提携を進めていく上で意義があるとの指摘もある一方、安定株主の存在が企業経営に対する規律の緩みを生じさせているのではないかとの指摘や、企業のバランスシートにおいて活用されていないリスク性資産であり、資本管理上非効率ではないかとの指摘もなされている。
- こうした状況を踏まえれば、政策保有株式について、投資家と企業の間で、これまで以上に深度ある対話が行われることが重要であり、企業には、個別の政策保有株式の保有目的や保有に伴う便益・リスクを具体的に精査した上で、保有の適否を検証し、分かりやすく開示・説明を行うことが求められる。また、政策保有株式の縮減に関する方針・考え方など、政策保有に関する方針をしっかりと開示することも重要である。
- 政策保有株式をめぐっては、保有させている側に対する規律付けの重要性も指摘されたところであり、所要のコード改訂等を提言している。

東京証券取引所「コーポレートガバナンス・コード～会社の持続的な成長と中長期的な企業価値の向上のために～」（2018年6月1日改訂）
- 【原則1－4．政策保有株式】
  > 上場会社が政策保有株式として上場株式を保有する場合には、政策保有株式の縮減に関する方針・考え方など、政策保有に関する方針を開示す

参考資料 1:政策保有株式に関する開示規制の変遷(除く、企業内容等開示府令)

> べきである。また、毎年、取締役会で、個別の政策保有株式について、保有目的が適切か、保有に伴う便益やリスクが資本コストに見合っているか等を具体的に精査し、保有の適否を検証するとともに、そうした検証の内容について開示すべきである。
>
> ➢ 上場会社は、政策保有株式に係る議決権の行使について、適切な対応を確保するための具体的な基準を策定・開示し、その基準に沿った対応を行うべきである。

- 補充原則 1−4①
  ➢ 上場会社は、自社の株式を政策保有株式として保有している会社(政策保有株主)からその株式の売却等の意向が示された場合には、取引の縮減を示唆することなどにより、売却等を妨げるべきではない。

- 補充原則 1−4②
  ➢ 上場会社は、政策保有株主との間で、取引の経済合理性を十分に検証しないまま取引を継続するなど、会社や株主共同の利益を害するような取引を行うべきではない。

金融庁「投資家と企業の対話ガイドライン」(2018 年 6 月 1 日) 4．政策保有株式

- 【政策保有株式の適否の検証等】
  ➢ 4−1．
    ◇ 政策保有株式について、それぞれの銘柄の保有目的や、保有銘柄の異動を含む保有状況が、分かりやすく説明されているか。
    ◇ 個別銘柄の保有の適否について、保有目的が適切か、保有に伴う便益やリスクが資本コストに見合っているか等を具体的に精査し、取締役会において検証を行った上、適切な意思決定が行われているか。そうした検証の内容について分かりやすく開示・説明されているか。
    ◇ 政策保有株式に係る議決権の行使について、適切な基準が策定され、分かりやすく開示されているか。また、策定した基準に基づいて、適切に議決権行使が行われているか。
  ➢ 4−2．政策保有に関する方針の開示において、政策保有株式の縮減に関する方針・考え方を明確化し、そうした方針・考え方に沿って適切な対応がなされているか。

参考資料1：政策保有株式に関する開示規制の変遷（除く、企業内容等開示府令）

- 【政策保有株主との関係】
  - 4-3．自社の株式を政策保有株式として保有している企業（政策保有株主）から当該株式の売却等の意向が示された場合、取引の縮減を示唆することなどにより、売却等を妨げていないか。
  - 4-4．政策保有株主との間で、取引の経済合理性を十分に検証しないまま取引を継続するなど、会社や株主共同の利益を害するような取引を行っていないか。

金融審議会ディスクロージャーワーキング・グループ「資本市場における好循環の実現に向けて」（2018年6月28日）Ⅱ．建設的な対話の促進に向けたガバナンス情報の提供―3．政策保有株式

- 現行制度では、2011年から、政策保有株式（保有目的が純投資以外の上場株式）のうち資本金の1％超の銘柄（当該銘柄が30銘柄未満の場合は、保有額上位30銘柄）につき、銘柄名、銘柄ごとの保有株式数・貸借対照表計上額・保有目的を有価証券報告書に記載することとされている。
- 政策保有株式については、企業間で戦略的提携を進める場合等に意義があるとの指摘もある一方、安定株主の存在が企業経営に対する規律の緩みを生じさせているのではないかとの指摘や、保有に伴う効果が十分検証されず資本効率が低いとの指摘があり、政策保有株式に関する情報は、投資判断と対話の双方において重要であると考えられる。
- 政策保有株式に係る開示の現状をみると、保有目的の説明が定型的かつ抽象的な記載にとどまっており、保有の合理性・効果が検証できないとの指摘があった。特に投資家からは、政策保有株式が中長期的な企業価値向上につながる可能性が必ずしも高くない一方で、少数株主軽視や資本コストに対する意識の低さにつながるリスクが高いことから、保有の目的、効果、合理性等について詳細な開示を求める意見が多く出された。
- 政策保有株式の保有意義・効果について様々な見方がある中、資本コストをかけリスクをとって株式を保有する以上、政策保有に関する方針、目的や効果は具体的かつ十分に説明されるべきである。また、政策保有株式の保有について、その合理性を検証する方法や取締役会等における議論の状況について開示を求めるべきである。さらに、個別の政策保有株式の保有目的・効果について、提出会社の戦略、事業内容及びセグメントと関連付け、定量的な

参考資料1:政策保有株式に関する開示規制の変遷(除く、企業内容等開示府令)

　　　効果(記載できない場合には、その旨と保有の合理性の検証方法)も含めてより具体的に記載することを求めるべきである。
- また、
    - ◇ 政策保有株式のうち1銘柄当たりの保有株式数・保有額が小さいものについては、企業間の戦略的提携につながるなどのメリットが相対的に小さいにもかかわらず、政策保有株式としての開示対象とならず保有目的が確認できない
    - ◇ 時価変動等により開示銘柄に差が生じるケースにおいて、各年の異動状況の把握ができない政策保有目的と思われる株式保有が純投資に区分されているケースがある
    - ◇ 2014年に株式・債券・その他有価証券の保有状況を示す有価証券明細表の作成が不要とされ、個別銘柄の開示対象が政策保有株式のみとなったことにより、企業が純投資として保有する株式・債券・その他有価証券に関する情報が減少し、企業の財務リスクが把握しにくくなった
    - ◇ 政策保有目的のみならず、純投資目的の株式・債券・その他有価証券についても、資本配分の適切性や効率性を検証する観点から、情報開示されることが望ましい
    - ➢ との指摘もみられた。
- 上記の指摘や、コーポレートガバナンス改革の進展に伴い、経営者の資本効率に対する認識に係る投資家の関心が高まっていることを踏まえれば、以下の開示の充実を図るべきである。
    - ➢ 開示基準に満たない銘柄も含め、売却したり、買い増した政策保有株式について、減少・増加の銘柄数、売却・買い増した株式それぞれの合計金額、買い増しの理由等の記載を求める。
    - ➢ 開示対象となる銘柄数を増やすべきであるとの意見を踏まえ、開示対象を拡大する。
    - ➢ 政策保有目的と思われる株式保有が純投資に区分されているケースがあるとの指摘があることから、純投資と政策投資の区分の基準や考え方の明確な説明を求める。
    - ➢ 純投資の対象である株式等についても、重要性を考慮しつつ、一定の開示を求める。

参考資料1：政策保有株式に関する開示規制の変遷（除く、企業内容等開示府令）

- また、投資判断を行う上では、投資先企業が保有する政策保有株式の状況を検証する必要があるのはもちろんのこと、当該投資先企業の株式が政策保有目的の株主に保有されている状況についても検証する必要があるとの意見があった。これについては、提出会社が政策保有株式として株式を保有している相手方が、当該提出会社の株主となっている場合には、実務にも配慮しながら、当該相手方に保有されている株式について記載を求めることが考えられる。
- なお、政策保有株式についての議決権行使の内容は、個別の政策保有株式の保有目的効果が達成されているかを判断する上で重要な情報のため、開示すべきとの意見があった一方、政策保有株式を保有する趣旨から考えれば賛成が大宗であると想定されることなどから、開示の意義は乏しいと考えられ、導入については慎重に検討すべきとの意見もあった。

参考資料2：企業内容等開示府令（2019年1月31日改正前）抜粋

第三号様式
【表紙】
【提出書類】　　　　　　　　　　有価証券報告書
【根拠条文】　　　　　　　　　　金融商品取引法第24条第1項
【提出先】　　　　　　　　　　　＿＿＿財務（支）局長
【提出日】　　　　　　　　　　　平成　年　月　日
【事業年度】　　　　　　　　　　第　期（自　平成　年　月　日　至　平成　年　月　日）
【会社名】(2)　　　　　　　　　　＿＿＿＿＿＿＿＿＿＿＿＿＿＿＿＿＿
【英訳名】　　　　　　　　　　　＿＿＿＿＿＿＿＿＿＿＿＿＿＿＿＿＿
【代表者の役職氏名】(3)　　　　　＿＿＿＿＿＿＿＿＿＿＿＿＿＿＿＿＿
【本店の所在の場所】　　　　　　＿＿＿＿＿＿＿＿＿＿＿＿＿＿＿＿＿
【電話番号】　　　　　　　　　　＿＿＿＿＿＿＿＿＿＿＿＿＿＿＿＿＿
【事務連絡者氏名】　　　　　　　＿＿＿＿＿＿＿＿＿＿＿＿＿＿＿＿＿
【最寄りの連絡場所】　　　　　　＿＿＿＿＿＿＿＿＿＿＿＿＿＿＿＿＿
【電話番号】　　　　　　　　　　＿＿＿＿＿＿＿＿＿＿＿＿＿＿＿＿＿
【事務連絡者氏名】　　　　　　　＿＿＿＿＿＿＿＿＿＿＿＿＿＿＿＿＿
【縦覧に供する場所】(4)　　　　　名称
　　　　　　　　　　　　　　　　　（所在地）

第一部【企業情報】
第1【企業の概況】
　1【主要な経営指標等の推移】(5)
　2【沿革】(6)
　3【事業の内容】(7)
　4【関係会社の状況】(8)
　5【従業員の状況】(9)
第2【事業の状況】
　1【経営方針、経営環境及び対処すべき課題等】(10)
　2【事業等のリスク】(11)
　3【経営者による財政状態、経営成績及びキャッシュ・フローの状況の分析】(12)
　4【経営上の重要な契約等】(13)
　5【研究開発活動】(14)
第3【設備の状況】
　1【設備投資等の概要】(15)
　2【主要な設備の状況】(16)
　3【設備の新設、除却等の計画】(17)
第4【提出会社の状況】
　1【株式等の状況】
　　(1)【株式の総数等】(18)
　　　①【株式の総数】

種類	発行可能株式総数（株）
計	

　　　②【発行済株式】

種類	事業年度末現在発行数（株） （　年　月　日）	提出日現在発行数（株） （　年　月　日）	上場金融商品取引所名又は登録認可金融商品取引業協会名	内容
計			―	―

(2)【新株予約権等の状況】
　①【ストックオプション制度の内容】⒆
　②【ライツプランの内容】⒇
　③【その他の新株予約権等の状況】(21)

(3)【行使価額修正条項付新株予約権付社債券等の行使状況等】(22)

	第４四半期会計期間 （　年　月　日から 　　年　月　日まで）	第　期 （　年　月　日から 　　年　月　日まで）
当該期間に権利行使された当該行使価額修正条項付新株予約権付社債券等の数		
当該期間の権利行使に係る交付株式数		
当該期間の権利行使に係る平均行使価額等		
当該期間の権利行使に係る資金調達額		
当該期間の末日における権利行使された当該行使価額修正条項付新株予約権付社債券等の数の累計	―	
当該期間の末日における当該行使価額修正条項付新株予約権付社債券等に係る累計の交付株式数	―	
当該期間の末日における当該行使価額修正条項付新株予約権付社債券等に係る累計の平均行使価額等	―	
当該期間の末日における当該行使価額修正条項付新株予約権付社債券等に係る累計の資金調達額	―	

(4)【発行済株式総数、資本金等の推移】(23)

年月日	発行済株式総数増減数（株）	発行済株式総数残高（株）	資本金増減額（円）	資本金残高（円）	資本準備金増減額（円）	資本準備金残高（円）

(5)【所有者別状況】㉔　　　　　　　　　　　　　　　　　　　　年　月　日現在

区分	株式の状況（1単元の株式数　　　株）							単元未満株式の状況（株）
	政府及び地方公共団体	金融機関	金融商品取引業者	その他の法人	外国法人等		個人その他	計	
					個人以外	個人			
株主数（人）									―
所有株式数（単元）									
所有株式数の割合（％）								100	―

(6)【大株主の状況】㉕　　　　　　　　　　　　　　　　　　　　年　月　日現在

氏名又は名称	住所	所有株式数（株）	発行済株式（自己株式を除く。）の総数に対する所有株式数の割合（％）
計	―		

(7)【議決権の状況】㉖

①【発行済株式】　　　　　　　　　　　　　　　　　　　　　　　年　月　日現在

区分	株式数（株）	議決権の数（個）	内容
無議決権株式		―	
議決権制限株式（自己株式等）		―	
議決権制限株式（その他）			
完全議決権株式（自己株式等）		―	
完全議決権株式（その他）			
単元未満株式		―	
発行済株式総数		―	―
総株主の議決権	―		―

②【自己株式等】　　　　　　　　　　　　　　　　　　　　　　　年　月　日現在

所有者の氏名又は名称	所有者の住所	自己名義所有株式数（株）	他人名義所有株式数（株）	所有株式数の合計（株）	発行済株式総数に対する所有株式数の割合（％）
計	―				

(8)【役員・従業員株式所有制度の内容】(27)

2【自己株式の取得等の状況】(28)

　　【株式の種類等】_____(29)

(1)【株主総会決議による取得の状況】(30)

区分	株式数（株）	価額の総額（円）
株主総会（　年　月　日）での決議状況 （取得期間　年　月　日～　年　月　日）		
当事業年度前における取得自己株式		
当事業年度における取得自己株式		
残存授権株式の総数及び価額の総額		
当事業年度の末日現在の未行使割合（％）		
当期間における取得自己株式		
提出日現在の未行使割合（％）		

(2)【取締役会決議による取得の状況】(31)

区分	株式数（株）	価額の総額（円）
取締役会（　年　月　日）での決議状況 （取得期間　年　月　日～　年　月　日）		
当事業年度前における取得自己株式		
当事業年度における取得自己株式		
残存決議株式の総数及び価額の総額		
当事業年度の末日現在の未行使割合（％）		
当期間における取得自己株式		
提出日現在の未行使割合（％）		

(3)【株主総会決議又は取締役会決議に基づかないものの内容】(32)

(4)【取得自己株式の処理状況及び保有状況】(33)

区分	当事業年度		当期間	
	株式数（株）	処分価額の総額（円）	株式数（株）	処分価額の総額（円）
引き受ける者の募集を行った取得自己株式				

消却の処分を行った取得自己株式				
合併、株式交換、会社分割に係る移転を行った取得自己株式				
その他 (　　　)				
保有自己株式数		─		─

3 【配当政策】(34)
4 【株価の推移】(35)
　(1) 【最近５年間の事業年度別最高・最低株価】

回次					
決算年月					
最高（円）					
最低（円）					

　(2) 【最近６月間の月別最高・最低株価】

月別					
最高（円）					
最低（円）					

5 【役員の状況】(36)
　男性　　名　女性　　名　（役員のうち女性の比率　　％）

役名	職名	氏名	生年月日	略歴	任期	所有株式数（株）
					計	

6 【コーポレート・ガバナンスの状況等】
　(1) 【コーポレート・ガバナンスの状況】(37)
　(2) 【監査報酬の内容等】(38)
　　　① 【監査公認会計士等に対する報酬の内容】

区分	前連結会計年度		当連結会計年度	
	監査証明業務に基づく報酬（円）	非監査業務に基づく報酬（円）	監査証明業務に基づく報酬（円）	非監査業務に基づく報酬（円）
提出会社				
連結子会社				
計				

　　　　②【その他重要な報酬の内容】
　　　　③【監査公認会計士等の提出会社に対する非監査業務の内容】
　　　　④【監査報酬の決定方針】
第5【経理の状況】(39)
　1【連結財務諸表等】
　　(1)【連結財務諸表】(40)
　　　①【連結貸借対照表】(41)
　　　②【連結損益計算書及び連結包括利益計算書】又は【連結損益及び包括利益計算書】(42)
　　　③【連結株主資本等変動計算書】(43)
　　　④【連結キャッシュ・フロー計算書】(44)
　　　⑤【連結附属明細表】(45)
　　(2)【その他】(46)
　2【財務諸表等】
　　(1)【財務諸表】(47)
　　　①【貸借対照表】(48)
　　　②【損益計算書】(49)
　　　③【株主資本等変動計算書】(50)
　　　④【キャッシュ・フロー計算書】(51)
　　　⑤【附属明細表】(52)
　　(2)【主な資産及び負債の内容】(53)
　　(3)【その他】(54)
第6【提出会社の株式事務の概要】(55)

事業年度	月　　日から　　　　月　　日まで
定時株主総会	月中
基準日	月　　日
株券の種類	
剰余金の配当の基準日	月　　日
1単元の株式数	株
株式の名義書換え 　取扱場所 　　株主名簿管理人 　取次所 　　名義書換手数料 　　新券交付手数料	
単元未満株式の買取り 　取扱場所 　　株主名簿管理人 　取次所 　　買取手数料	
公告掲載方法	
株主に対する特典	

第7【提出会社の参考情報】
　1【提出会社の親会社等の情報】(56)
　2【その他の参考情報】(57)
第二部【提出会社の保証会社等の情報】
第1【保証会社情報】
　1【保証の対象となっている社債】(58)
　2【継続開示会社たる保証会社に関する事項】(59)
　　(1)【保証会社が提出した書類】
　　　　①【有価証券報告書及びその添付書類又は四半期報告書若しくは半期報告書】
　　　　　　事業年度　第　期（自　平成　年　月　日　至　平成　年　月　日）　平成
　　　　　　年　月　日　　　財務（支）局長に提出
　　　　②【臨時報告書】
　　　　　　①の書類の提出後、本有価証券報告書提出日（平成　年　月　日）までに、臨
　　　　　　時報告書を平成　年　月　日に　　　財務（支）局長に提出
　　　　③【訂正報告書】
　　　　　　訂正報告書（上記　　　　　　　　　の訂正報告書）を平成　年　月　日に　　　財務
　　　　　　（支）局長に提出
　　(2)【上記書類を縦覧に供している場所】
　　　　　名称
　　　　　　（所在地）
　3【継続開示会社に該当しない保証会社に関する事項】(60)
第2【保証会社以外の会社の情報】(61)
　1【当該会社の情報の開示を必要とする理由】
　2【継続開示会社たる当該会社に関する事項】
　3【継続開示会社に該当しない当該会社に関する事項】
第3【指数等の情報】(62)
　1【当該指数等の情報の開示を必要とする理由】
　2【当該指数等の推移】
（記載上の注意）
　　以下の規定により第二号様式の記載上の注意に準じて当該規定に係る記載をする場合
には、「第一部　企業情報」の「第4　提出会社の状況」の「2　自己株式の取得等の
状況」を除き、第二号様式記載上の注意中「届出書提出日」、「届出書提出日の最近日」
及び「最近日」とあるのは「当連結会計年度末」（連結財務諸表を作成していない場合
には「当事業年度末」）と、「最近5連結会計年度」とあるのは「当連結会計年度の前4
連結会計年度及び当連結会計年度」と、「最近2連結会計年度」及び「最近2連結会計
年度等」とあるのは「当連結会計年度の前連結会計年度及び当連結会計年度」と、「最
近連結会計年度」及び「最近連結会計年度等」とあるのは「当連結会計年度」と、「最
近連結会計年度末」及び「最近連結会計年度末等」とあるのは「当連結会計年度末」と、
「最近5事業年度」とあるのは「当事業年度の前4事業年度及び当事業年度」と、「最
近2事業年度」及び「最近2事業年度等」とあるのは「当事業年度の前事業年度及び当
事業年度」と、「最近事業年度」及び「最近事業年度等」とあるのは「当事業年度」と、
「最近事業年度末」とあるのは「当事業年度末」と、「届出書に記載した」とあるのは
「有価証券報告書に記載した」と読み替えるものとする。
(1)　一般的事項
　　a　以下の規定により記載が必要とされている事項に加えて、有価証券報告書（以下
　　　この様式において「報告書」という。）の各記載項目に関連した事項を追加して記

備金」を「基金等の総額」に読み替えて記載し、基金等の概要及び基金償却積立金の額を注記すること。なお、「基金等」とは、基金及び保険業法第56条に規定する基金償却積立金をいう。

⑭ 所有者別状況
　a　提出会社の株主総会又は種類株主総会における議決権行使の基準日（会社法第124条第1項に規定する基準日をいう。㉕a及び㉖aにおいて同じ。）現在の「所有者別状況」について記載すること。ただし、これにより難い場合にあっては、当事業年度末現在の「所有者別状況」について記載すること。
　　　会社が二以上の種類の株式を発行している場合には、種類ごとの所有者別状況が分かるように記載すること。
　b　「所有株式数」の欄には、他人（仮設人を含む。）名義で所有している株式数を含めた実質所有により記載すること。
　c　「外国法人等」の欄には、外国の法令に基づいて設立された法人等個人以外及び外国国籍を有する個人に区分して記載すること。
　d　「単元未満株式の状況」の欄には、単元未満株式の総数を記載すること。

㉕ 大株主の状況
　a　提出会社の株主総会又は種類株主総会における議決権行使の基準日現在の「大株主の状況」について記載すること。ただし、これにより難い場合にあっては、当事業年度末現在の「大株主の状況」について記載すること。
　b　「所有株式数」の欄には、他人（仮設人を含む。）名義で所有している株式数を含めた実質所有により記載すること。
　c　大株主は所有株式数の多い順（提出会社を除く。）に10名程度について記載し、会社法施行規則（平成18年法務省令第12号）第67条第1項の規定により議決権を有しないこととなる株主については、その旨を併せて記載すること。ただし、会社が二以上の種類の株式を発行している場合であって、株式の種類ごとに異なる数の単元株式数を定めているとき又は議決権の有無に差異があるときは、所有株式に係る議決権の個数の多い順に10名程度についても併せて記載すること。
　　　なお、大株主が個人である場合の個人株主の住所の記載に当たっては、市町村（第21条第2項に規定する市町村をいう。）までを記載しても差し支えない。
　d　当事業年度において主要株主の異動があった場合には、その旨を注記すること。
　e　会社が発行する株券等に係る大量保有報告書等が法第27条の30の7の規定により公衆の縦覧に供された場合又は会社が大量保有報告書等の写しの送付を受けた場合（法第27条の30の11第4項の規定により送付したとみなされる場合を含む。）であって、当該大量保有報告書等に記載された当該書類の提出者の株券等の保有状況が株主名簿の記載内容と相違するときには、実質所有状況を確認して記載すること。
　　　なお、記載内容が大幅に相違している場合であって実質所有状況の確認ができないときには、その旨及び大量保有報告書等の記載内容を注記すること。

㉖ 議決権の状況
　a　提出会社の株主総会又は種類株主総会における議決権行使の基準日現在の「議決権の状況」について記載すること。ただし、これにより難い場合にあっては、当事業年度末現在の「議決権の状況」について記載すること。
　　　なお、各欄に記載すべき株式について、二以上の種類の株式を発行している場合は、株式の種類ごとの数が分かるように記載すること。
　b　「無議決権株式」の欄には、無議決権株式（単元未満株式を除く。）の総数及び内容を記載すること。

c 「議決権制限株式（自己株式等）」の欄には、議決権制限株式（単元未満株式を除く。dにおいて同じ。）のうち、自己保有株式及び相互保有株式について、種類ごとに総数及び内容を記載すること。
　　d 「議決権制限株式（その他）」の欄には、cに該当する議決権制限株式以外の議決権制限株式について、種類ごとに総数、議決権の数及び内容を記載すること。
　　e 「完全議決権株式（自己株式等）」の欄には、完全議決権株式のうち、自己保有株式及び相互保有株式について、種類ごとに総数及び内容を記載すること。
　　f 「完全議決権株式（その他）」の欄には、eに該当する完全議決権株式以外の完全議決権株式について、種類ごとに総数、議決権の数及び内容を記載すること。
　　g 「単元未満株式」の欄には、単元未満株式の総数を種類ごとに記載すること。
　　h 「他人名義所有株式数」の欄には、他人（仮設人を含む。）名義で所有している株式数を記載するとともに、欄外に他人名義で所有している理由並びにその名義人の氏名又は名称及び住所を記載すること。
　　　なお、株主名簿において所有者となっている場合であっても実質的に所有していない株式については、その旨及びその株式数を欄外に記載すること。
　　i 当事業年度の開始日から報告書の提出日までの間に、保有期間等に関する確約を取得者等との間で締結している株式（当該株式の発行時において、既に金融商品取引所に発行株式が上場されている会社又は認可金融商品取引業協会に発行株式が店頭売買有価証券として登録されている会社にあっては、当該株式の発行価額の総額が１億円以上のものに限る。）について当該取得者により移動（譲受けを除く。）が行われた場合には、移動年月日、移動前所有者、移動後所有者、移動内容、移動理由等について、第二号の四様式第四部第２の３「取得者の株式等の移動状況」に準じて記載すること。
(27) 役員・従業員株式所有制度の内容
　　第二号様式記載上の注意(46)に準じて記載すること。
(28) 自己株式の取得等の状況
　　当事業年度及び当事業年度の末日の翌日から報告書提出日までの期間（この様式において「当期間」という。）における自己株式の取得等の状況について、自己株式の取得の事由及び株式の種類ごとに記載すること。なお、株主総会決議又は取締役会決議による自己株式を取得することができる取得期間又はその一部が当事業年度又は当期間に含まれる場合には、当事業年度又は当期間において当該株主総会決議又は取締役会決議による自己株式の取得が行われていないときであっても記載すること。
(29) 株式の種類等
　　第二号様式記載上の注意(48)に準じて記載すること。
(30) 株主総会決議による取得の状況
　　第二号様式記載上の注意(49)に準じて記載すること。この場合において、第二号様式記載上の注意(49)中「最近事業年度」とあるのは「当事業年度」と、「最近期間」とあるのは「当期間」と読み替えるものとする。
(31) 取締役会決議による取得の状況
　　第二号様式記載上の注意(50)に準じて記載すること。この場合において、第二号様式記載上の注意(50)中「最近事業年度」とあるのは「当事業年度」と、「最近期間」とあるのは「当期間」と読み替えるものとする。
(32) 株主総会決議又は取締役会決議に基づかないものの内容
　　第二号様式記載上の注意(51)に準じて記載すること。
(33) 取得自己株式の処理状況及び保有状況
　　第二号様式記載上の注意(52)に準じて記載すること。この場合において、第二号様式

記載上の注意(52)中「最近事業年度」とあるのは「当事業年度」と、「届出書」とあるのは「報告書」と読み替えるものとする。
(34) 配当政策
　a　配当政策については、配当（相互会社にあっては、契約者配当）の基本的な方針、毎事業年度における配当の回数についての基本的な方針、配当の決定機関、当事業年度の配当決定に当たっての考え方及び内部留保資金の使途について記載すること。
　　　なお、配当財産が金銭以外の財産である場合にはその内容を記載し、当該場合において当該配当財産に代えて金銭を交付することを株式会社に対して請求する権利を与えているときは、その内容についても記載すること。
　　　また、会社法第454条第5項に規定する中間配当をすることができる旨を定款で定めた場合には、その旨を記載すること。
　b　当事業年度に会社法第453条に規定する剰余金の配当（以下「剰余金の配当」という。）をした場合には、当該剰余金の配当についての株主総会又は取締役会の決議の年月日並びに各決議ごとの配当金の総額及び1株当たりの配当額を注記すること。
　c　会社法以外の法律の規定又は契約により、剰余金の配当について制限を受けている場合には、その旨及びその内容を注記すること。
(35) 株価の推移
　　第二号様式記載上の注意(54)に準じて記載すること。
(36) 役員の状況
　a　役員の男女別人数を欄外に記載するとともに、役員のうち女性の比率を括弧内に記載すること。
　b　「略歴」の欄には報告書提出日現在における役員の主要略歴（例えば、入社年月、役員就任直前の役職名、役員就任後の主要職歴、他の主要な会社の代表取締役に就任している場合の当該役職名、中途入社の場合における前職）を記載すること。
　c　役員間において二親等内の親族関係がある場合には、その内容を注記すること。
　d　「所有株式数」の欄には、他人（仮設人を含む。）名義で所有している株式数を含めた実質所有により記載すること。
　　　なお、会社が二以上の種類の株式を発行している場合には、種類ごとの数を記載すること。
　e　相互会社の場合にあっては、「所有株式数」の欄の記載を要しない。
　f　会計参与設置会社であって会計参与が法人である場合には、「氏名」欄に当該会計参与の名称を、「略歴」欄に当該会計参与の簡単な沿革を記載すること。
　g　会社が、会社法第108条第1項第9号に掲げる事項につき異なる定めをした内容の異なる種類の株式を発行した場合において、当該種類の株主によって選任された役員がいるときはその旨を欄外に注記すること。
　h　役員が社外取締役（社外役員（会社法施行規則第2条第3項第5号に規定する社外役員をいう。以下hにおいて同じ。）に該当する会社法第2条第15号に規定する社外取締役をいう。）又は社外監査役（社外役員に該当する会社法第2条第16号に規定する社外監査役をいう。）に該当する場合には、その旨を欄外に注記すること。
(37) コーポレート・ガバナンスの状況
　　第二号様式記載上の注意(56)に準じて記載すること。
(38) 監査報酬の内容等
　　第二号様式記載上の注意(57)に準じて記載すること。
(39) 経理の状況
　　第二号様式記載上の注意(58)に準じて記載すること。

第二号様式
【表紙】
【提出書類】　　　　　　　　　　有価証券届出書
【提出先】　　　　　　　　　　　＿＿＿財務（支）局長
【提出日】　　　　　　　　　　　平成　年　月　日
【会社名】(2)　　　　　　　　　　＿＿＿＿＿＿＿＿＿＿＿＿＿＿＿
【英訳名】　　　　　　　　　　　＿＿＿＿＿＿＿＿＿＿＿＿＿＿＿
【代表者の役職氏名】(3)　　　　　＿＿＿＿＿＿＿＿＿＿＿＿＿＿＿
【本店の所在の場所】　　　　　　＿＿＿＿＿＿＿＿＿＿＿＿＿＿＿
【電話番号】　　　　　　　　　　＿＿＿＿＿＿＿＿＿＿＿＿＿＿＿
【事務連絡者氏名】　　　　　　　＿＿＿＿＿＿＿＿＿＿＿＿＿＿＿
【最寄りの連絡場所】　　　　　　＿＿＿＿＿＿＿＿＿＿＿＿＿＿＿
【電話番号】　　　　　　　　　　＿＿＿＿＿＿＿＿＿＿＿＿＿＿＿
【事務連絡者氏名】　　　　　　　＿＿＿＿＿＿＿＿＿＿＿＿＿＿＿
【届出の対象とした募集（売出）有価証券の
種類】(4)　　　　　　　　　　　＿＿＿＿＿＿＿＿＿＿＿＿＿＿＿
【届出の対象とした募集（売出）金額】(5)　＿＿＿＿＿＿＿＿＿＿＿＿＿＿＿
【安定操作に関する事項】(6)　　　＿＿＿＿＿＿＿＿＿＿＿＿＿＿＿
【縦覧に供する場所】(7)　　　　　名称
　　　　　　　　　　　　　　　　　（所在地）

第一部【証券情報】
第1【募集要項】
　1【新規発行株式】(8)

種類	発行数	内容

　2【株式募集の方法及び条件】
　　(1)【募集の方法】(9)

区分	発行数	発行価額の総額（円）	資本組入額の総額（円）
募集株式のうち株主割当			
募集株式のうちその他の者に対する割当			
募集株式のうち一般募集			
発起人の引受株式			
計（総発行株式）			

　　(2)【募集の条件】(10)

発行価格（円）	資本組入額（円）	申込株数単位	申込期間	申込証拠金（円）	払込期日

　　(3)【申込取扱場所】

店名	所在地

b　最近事業年度に会社法第453条に規定する剰余金の配当（以下「剰余金の配当」という。）をした場合には、当該剰余金の配当についての株主総会又は取締役会の決議の年月日並びに各決議ごとの配当金の総額及び1株当たりの配当額を注記すること。
　　　c　届出書提出日の属する事業年度開始の日から届出書提出日までの間に剰余金の配当について株主総会又は取締役会の決議があった場合には、その旨、決議年月日並びに当該剰余金の配当による配当金の総額及び1株当たりの額を注記すること。
　　　d　会社法以外の法律の規定又は契約により、剰余金の配当について制限を受けている場合には、その旨及びその内容を注記すること。
　(54)　株価の推移
　　　a　株式が金融商品取引所に上場されている場合には、主要な1金融商品取引所の相場を記載し、当該金融商品取引所名を注記すること。
　　　　　なお、二以上の種類の株式が金融商品取引所に上場されている場合には、種類ごとに記載すること。
　　　b　株式が店頭売買有価証券として認可金融商品取引業協会に登録されている場合には、当該認可金融商品取引業協会の発表する相場を記載するとともに、その旨を注記すること。
　　　　　なお、二以上の種類の株式が認可金融商品取引業協会に登録されている場合には、種類ごとに記載すること。
　　　c　その他の銘柄で気配相場がある場合には、当該気配相場を記載し、その旨を注記すること。
　(55)　役員の状況
　　　a　役員の男女別人数を欄外に記載するとともに、役員のうち女性の比率を括弧内に記載すること。
　　　b　「略歴」の欄には、届出書提出日現在における役員の主要略歴（例えば、入社年月、役員就任直前の役職名、役員就任後の主要職歴、他の主要な会社の代表取締役に就任している場合の当該役職名、中途入社の場合における前職）を記載すること。
　　　c　「所有株式数」の欄には、他人（仮設人を含む。）名義で所有している株式数を含めた実質所有により記載すること。
　　　　　なお、会社が二以上の種類の株式を発行している場合には、種類ごとの数を記載すること。
　　　d　会社設立の場合にあっては、発起人について役員に準じて記載すること。この場合、「所有株式数」の欄には、引受予定株式数を記載すること。
　　　e　役員間において二親等内の親族関係がある場合には、その内容を注記すること。
　　　f　相互会社の場合にあっては、「所有株式数」の欄の記載を要しない。
　　　g　会計参与設置会社であって会計参与が法人である場合には、「氏名」欄に当該会計参与の名称を、「略歴」欄に当該会計参与の簡単な沿革を記載すること。
　　　h　会社が、会社法第108条第1項第9号に掲げる事項につき異なる定めをした内容の異なる種類の株式を発行した場合において、当該種類の株主によって選任された役員がいるときはその旨を欄外に注記すること。
　　　i　役員が社外取締役（社外役員（会社法施行規則第2条第3項第5号に規定する社外役員をいう。以下i及び(56) a (d)において同じ。）に該当する会社法第2条第15号に規定する社外取締役をいう。以下この様式において同じ。）又は社外監査役（社外役員に該当する会社法第2条第16号に規定する社外監査役をいう。以下この様式において同じ。）に該当する場合には、その旨を欄外に注記すること。
　(56)　コーポレート・ガバナンスの状況

ごとに、報酬等の総額、報酬等の種類別（基本報酬、ストックオプション、賞与及び退職慰労金等の区分をいう。以下(d)において同じ。）の総額及び対象となる役員の員数を記載すること。
　　　提出会社の役員ごとに、氏名、役員区分、提出会社の役員としての報酬等（主要な連結子会社の役員としての報酬等がある場合には、当該報酬等を含む。以下(d)において「連結報酬等」という。）の総額及び連結報酬等の種類別の額について、提出会社と各主要な連結子会社に区分して記載すること（ただし、連結報酬等の総額が1億円以上である者に限ることができる。）。
　　　使用人兼務役員の使用人給与のうち重要なものがある場合には、その総額、対象となる役員の員数及びその内容を記載すること。
　　　提出日現在において、提出会社の役員の報酬等の額又はその算定方法の決定に関する方針を定めている場合には、当該方針の内容及び決定方法を記載すること。また、当該方針を定めていない場合には、その旨を記載すること。
　(e)　提出会社の株式の保有状況について、次のとおり記載すること。
　　ⅰ　提出会社の最近事業年度に係る貸借対照表に計上されている投資有価証券（財務諸表等規則第32条第1項第1号に掲げる投資有価証券及びこれに準ずる有価証券をいい、提出会社の所有に係るもので保証差入有価証券等の別科目で計上されているものを含む。以下(e)において同じ。）に該当する株式（提出会社が信託財産として保有する株式を除く。以下(e)において「投資株式」という。）のうち保有目的が純投資目的以外の目的であるものについて、銘柄数及び貸借対照表計上額の合計額を記載すること。
　　ⅱ　保有目的が純投資目的以外の目的である投資株式（法第24条第1項第1号又は第2号に掲げる有価証券に該当する株券及び外国の金融商品取引所（令第2条の12の3第4号ロに規定する外国の金融商品取引所をいう。）に上場されている株券その他これに準ずる有価証券に係る株式以外の株式（以下(e)において「非上場株式」という。）を除き、純投資目的以外の目的で提出会社が信託契約その他の契約又は法律上の規定に基づき株主として議決権を行使する権限又は議決権の行使を指図する権限（以下(e)において「議決権行使権限」という。）を有する株式（提出会社が信託財産として保有する株式及び非上場株式を除く。以下(e)において「みなし保有株式」という。）を含む。以下ⅱにおいて同じ。）のうち、最近事業年度及び最近事業年度の前事業年度のそれぞれについて、銘柄別による投資株式の貸借対照表計上額が提出会社の資本金額（財務諸表等規則第60条に規定する株主資本の合計額が資本金額に満たない場合には、当該合計額）の100分の1を超えるもの（当該投資株式の銘柄数が30に満たない場合には、当該貸借対照表計上額の大きい順の30銘柄（みなし保有株式が11銘柄以上含まれる場合には、みなし保有株式にあっては貸借対照表計上額の大きい順の10銘柄、特定投資株式（保有目的が純投資目的以外の目的である投資株式（みなし保有株式を除く。）をいう。以下(e)において同じ。）にあっては貸借対照表計上額の大きい順の20銘柄。ただし、特定投資株式が20銘柄に満たない場合には、開示すべきみなし保有株式の銘柄数は、30から当該特定投資株式の銘柄数を減じて得た数）に該当するもの）について、銘柄、株式数（みなし保有株式の場合には、議決権行使権限の対象となる株式数。以下ⅱにおいて同じ。）及び貸借対照表計上額（みなし保有株式の場合には、みなし保有株式の事業年度末日における時価に議決権行使権限の対象となる株式数を乗じて得た額。以下ⅱにおいて同じ。）を特定投資株式及びみなし保有株式に区分して記載するとともに、当該銘柄ごとに保有目的（みなし保有株式の場合には、当該

株式につき議決権行使権限その他提出会社が有する権限の内容）を具体的に記載すること。この場合において、特定投資株式及びみなし保有株式に同一銘柄の株式が含まれる場合にそれぞれの株式数及び貸借対照表計上額を合算していない場合には、その旨を記載すること。

  ⅲ 保有目的が純投資目的である投資株式を非上場株式とそれ以外の株式に区分し、当該区分ごとに提出会社の最近事業年度及びその前事業年度における貸借対照表計上額の合計額並びに最近事業年度における受取配当金、売却損益及び評価損益のそれぞれの合計額を記載すること。なお、当該最近事業年度中に投資株式の保有目的を純投資目的から純投資目的以外の目的に変更したもの又は純投資目的以外の目的から純投資目的に変更したものがある場合には、それぞれ区分して、銘柄ごとに、銘柄、株式数及び貸借対照表計上額を記載すること。

  ⅳ 提出会社が子会社の経営管理を行うことを主たる業務とする会社である場合における提出会社及びその連結子会社の中で、最近事業年度における投資株式の貸借対照表計上額（以下ⅳにおいて「投資株式計上額」という。）が最も大きい会社（以下ⅳにおいて「最大保有会社」といい、最近事業年度における最大保有会社の投資株式計上額が提出会社の最近連結会計年度における連結投資有価証券（連結財務諸表規則第30条第1項第1号に規定する投資有価証券（連結財務諸表規則第30条第2項に規定する非連結子会社及び関連会社の株式を除く。）をいう。）に区分される株式の連結貸借対照表計上額の3分の2を超えない場合には、最近事業年度における最大保有会社及び投資株式計上額が次に大きい会社）について、会社ごとに区分して、ⅰからⅲまでに準じて記載すること。この場合、ⅱにおける資本金額は提出会社の資本金額とし、最大保有会社以外の会社（提出会社が最大保有会社に該当しない場合における提出会社を含む。）について、ⅱに規定する「大きい順の30銘柄」は「大きい順の10銘柄」に読み替えるものとする。

b 提出会社がaに規定する者以外の者である場合には、次のとおり記載すること。
 (a) 提出会社の企業統治に関する事項（例えば、会社の機関の内容、内部統制システムの整備の状況、リスク管理体制の整備の状況、提出会社の子会社の業務の適正を確保するための体制整備の状況、役員報酬の内容（社内取締役と社外取締役に区分した内容））について、具体的に、かつ、分かりやすく記載すること。
  なお、取締役、会計参与、監査役又は会計監査人との間で会社法第427条第1項に規定する契約（いわゆる責任限定契約）を締結した場合は、当該契約の内容の概要（当該契約によって当該取締役、会計参与、監査役又は会計監査人の職務の適正性が損なわれないようにするための措置を講じている場合にあっては、その内容を含む。）を記載すること。
  また、会社法第373条第1項に規定する特別取締役による取締役会の決議制度を定めた場合には、その内容を記載すること。
 (b) 内部監査及び監査役（監査等委員会又は監査委員会）監査の組織、人員及び手続並びに内部監査、監査役（監査等委員会又は監査委員会）監査及び会計監査の相互連携について、具体的に、かつ、分かりやすく記載すること。
 (c) 社外取締役及び社外監査役と提出会社との人的関係、資本的関係又は取引関係その他の利害関係について、具体的に、かつ、分かりやすく記載すること。
c 業務を執行した公認会計士（公認会計士法第16条の2第5項に規定する外国公認会計士を含む。以下同じ。）の氏名、所属する監査法人名及び提出会社の財務書類について連続して監査関連業務（同法第24条の3第3項に規定する監査関連業務をいう。）を行っている場合における監査年数（当該年数が7年を超える場合に限

参考資料3：企業内容等開示府令（2019年1月31日改正・新旧対照表）抜粋

提出会社		
連結子会社		
計		

② [その他重要な報酬等の内容]
③ [監査公認会計士等の提出会社に対する非監査業務の内容]
④ [監査報酬の決定方針]
[加えぇ。]
[加えぇ。]
[加えぇ。]
[第5～第7 同左]
[第四部～第七部 同左]
（記載上の注意）
「第二部 組織再編成（公開買付け）に関する情報」及び「第五部 組織再編成対象会社情報」について
は、第二号の六第四の記載上の注意に、第二号の四様式の記載上の注意に準じ
て記載すること。

第三号様式
【表紙】
【提出書類】 有価証券報告書
【根拠条文】 金融商品取引法第24条第1項
【提出先】 財務 (支) 局長
【提出日】 平成 年 月 日
【事業年度】 第 期（自 平成 年 月 日 至 平成 年 月 日）
【会社名】
【英訳名】
【代表者の役職氏名】 (3)
【本店の所在の場所】
【電話番号】
【事務連絡者氏名】
【最寄りの連絡場所】
【電話番号】
【事務連絡者氏名】 (4)
【縦覧に供する場所】
名称
（所在地）

第一部 【企業情報】
第1～第3 略
第4 【提出会社の状況】
1～3 略
4 【株価の推移】
(1) 【最近5年間の事業年度別最高・最低株価】
回次

提出会社		
計		

③ [監査の状況]
④ [役員の報酬等]
⑤ [株式の保有状況]
[第5～第7 略]
[第四部～第七部 略]
（記載上の注意）
「第二部 組織再編成（公開買付け）に関する情報」及び「第五部 組織再編成対象会社情報」について
は、第二号の六第四の記載上の注意に、第二号の四様式の記載上の注意に準じ
て記載すること。

第三号様式
【表紙】
【提出書類】 有価証券報告書
【根拠条文】 金融商品取引法第24条第1項
【提出先】 財務 (支) 局長
【提出日】 平成 年 月 日
【事業年度】 第 期（自 平成 年 月 日 至 平成 年 月 日）
【会社名】
【英訳名】
【代表者の役職氏名】 (3)
【本店の所在の場所】
【電話番号】
【事務連絡者氏名】
【最寄りの連絡場所】
【電話番号】
【事務連絡者氏名】 (4)
【縦覧に供する場所】
名称
（所在地）

第一部 【企業情報】
第1～第3 略
第4 【提出会社の状況】
1～3 略
[削る。]

85

決算年月		
最高 (円)		
最低 (円)		

(2)【最近6か月間の月別最高・最低株価】

月別						
最高 (円)						
最低 (円)						

5 【役員の状況】㉞

男性　名　女性　名（役員のうち女性の比率　％）

役名	職名	氏名	生年月日	略歴	任期	所有株式数 (株)
				計		

6 【コーポレート・ガバナンスの状況等】㊲

(1)【コーポレート・ガバナンスの状況】

(2)【監査報酬の内容等】㊳

①【監査公認会計士等に対する報酬の内容】

区分	前連結会計年度				当連結会計年度			
	監査証明業務に基づく報酬 (円)		非監査業務に基づく報酬 (円)		監査証明業務に基づく報酬 (円)		非監査業務に基づく報酬 (円)	
提出会社								
連結子会社								
計								

②【その他重要な報酬の内容】

③【監査公認会計士等の提出会社に対する非監査業務の内容】

④【監査報酬の決定方針】

[加える。　]
[加える。　]

第5【経理の状況】㊴

1【連結財務諸表等】㊵

(1)【連結財務諸表】㊶

①【連結貸借対照表】

②【連結損益計算書及び連結包括利益計算書】又は【連結損益及び包括利益計算書】㊷

③【連結株主資本等変動計算書】㊸

[削る。]

4【コーポレート・ガバナンスの状況等】㊲

(1)【コーポレート・ガバナンスの概要】㊱

(2)【役員の状況】㉟

男性　名　女性　名（役員のうち女性の比率　％）

役職名	氏名	生年月日	略歴	任期	所有株式数 (株)
			計		

③【監査の状況】㊲

④【役員の報酬等】㊳

⑤【株式の保有状況】㊴

第5【経理の状況】㊵

1【連結財務諸表等】㊶

(1)【連結財務諸表】㊷

①【連結貸借対照表】

②【連結損益計算書及び連結包括利益計算書】又は【連結損益及び包括利益計算書】㊸

③【連結株主資本等変動計算書】㊹

④ 連結キャッシュ・フロー計算書 ㊺
⑤ 連結附属明細表 ㊻
(2)【財務諸表等】 ㊼
(1)【財務諸表】 ㊽
① 貸借対照表 ㊾
② 損益計算書 ㊿
③ 株主資本等変動計算書 ㊼
④ キャッシュ・フロー計算書 ㊼
⑤ 附属明細表 ㊼
(2)【主な資産及び負債の内容】 ㊼
(3)【その他】 ㊼
第6【提出会社の株式事務の概要】 ㊼
第7【提出会社の参考情報】 ㊼
1【提出会社の親会社等の情報】 ㊼
2【その他の参考情報】 ㊼
第二部【提出会社の保証会社等の情報】 ㊼
第1【保証会社情報】 ㊼
1【保証の対象となっている社債】 ㊼
2【継続開示会社たる保証会社に関する事項】 ㊼
(1)・(2) 略
3【継続開示会社に該当しない保証会社に関する事項】 ㊼
第2【保証会社以外の会社の情報】 ㊼
第3【指数等の情報】 ㊼
1~3 略
[記載上の注意]
(金融商品取引法)
以下の規定により第二号様式の記載上の注意に準じて当該規定に係る記載をする場合には、「第一部 企業情報」の「第4 提出会社の状況」の「2 自己株式の取得等の状況」及び「第二号様式の記載上の注意中「提出日」とあるのは「届出書提出日」、「連結財務諸表を作成していない場合には「当事業年度末」と、「最近5連結会計年度」とあるのは「当連結会計年度及び最近4連結会計年度の前4連結会計年度末」と、「最近2連結会計年度」とあるのは「当連結会計年度及び最近連結会計年度」と、「最近連結会計年度末」とあるのは「当連結会計年度末」と、「最近2事業年度」とあるのは「当事業年度及び最近事業年度の前4事業年度末」と、「最近2事業年度」とあるのは「当事業年度及び最近事業年度」と、「最近事業年度末」とあるのは「当事業年度末」と、「届出書に記載した」と読み替えるものとする。

(1) 一般的事項
a [同左]
b [同左]

④ 連結キャッシュ・フロー計算書 ㊺
⑤ 連結附属明細表 ㊻
(2)【財務諸表等】 ㊼
(1)【財務諸表】 ㊽
① 貸借対照表 ㊾
② 損益計算書 ㊿
③ 株主資本等変動計算書 ㊼
④ キャッシュ・フロー計算書 ㊼
⑤ 附属明細表 ㊼
(2)【主な資産及び負債の内容】 ㊼
(3)【その他】 ㊼
第6【提出会社の株式事務の概要】 ㊼
第7【提出会社の参考情報】 ㊼
1【提出会社の親会社等の情報】 ㊼
2【その他の参考情報】 ㊼
第二部【提出会社の保証会社等の情報】 ㊼
第1【保証会社情報】 ㊼
1【保証の対象となっている社債】 ㊼
2【継続開示会社たる保証会社に関する事項】 ㊼
(1)・(2) 略
3【継続開示会社に該当しない保証会社に関する事項】 ㊼
第2【保証会社以外の会社の情報】 ㊼
第3【指数等の情報】 ㊼
1・2 略
[記載上の注意]
(金融商品取引法)
以下の規定により第二号様式の記載上の注意に準じて当該規定に係る記載をする場合には、「第一部 企業情報」の「第4 提出会社の状況」の「2 自己株式の取得等の状況」及び「4 コーポレート・ガバナンスの状況等」の「第二号様式の記載上の注意中「提出日」とあるのは「届出書提出日」、「連結財務諸表を作成していない場合には「当事業年度末」と、「最近5連結会計年度」とあるのは「当連結会計年度及び最近4連結会計年度の前4連結会計年度末」と、「最近2連結会計年度」とあるのは「当連結会計年度及び最近連結会計年度」と、「最近連結会計年度末」とあるのは「当連結会計年度末」と、「最近5事業年度」とあるのは「当事業年度及び最近事業年度の前4事業年度末」と、「最近2事業年度」とあるのは「当事業年度及び最近事業年度」と、「最近事業年度末」とあるのは「当事業年度末」と、「届出書に記載した」と読み替えるものとする。

(1) 一般的事項
a [略]
b 指定国際会計基準（連結財務諸表規則第93条に規定する指定国際会計基準をいう。以下この様式において同じ。）

(36) 役員の状況

第二号様式記載上の注意(54)(dを除く。)に準じて記載すること。この場合において、第二号様式記載上の注意(54)中「届出書提出日」とあるのは「報告書提出日」と読み替えるものとする。

a 役員の男女別人数を欄外に記載するとともに、役員のうち女性の比率を括弧内に記載すること。

b 「略歴」の欄には当該報告書提出日現在における役員の主要職歴(例えば、役員就任直前の役職、役員就任後の主要職歴、他の主要な会社の代表取締役に就任している場合の当該役職名、中途入社の場合にはその直前における前職等)を記載すること。

c 役員間において二親等内の親族関係がある場合には、その内容を注記すること。

d 役員が、他人(仮設人を含む。)名義で所有している株式を含めにより所有株式数の欄には、他人(仮設人を含む。)名義で所有している名義を含めた実質所有株式数により記載すること。

なお、会社が二以上の種類の株式を発行している場合には、種類ごとの数を記載すること。「所有株式数」の欄には、種類ごとの記載を要しない。

e 相互会社の場合にあっては、当該会計参与が有する当該会社の基金の拠出額を記載すること。

f 「略歴」欄に当該会計参与が法人である場合には、その商号又は名称を記載すること。

g 会社法第108条第1項第9号に掲げる事項についての定めをした内容の異なる二以上の種類の株式を発行する会社において、当該種類の株主によって選任された役員については、その旨を欄外に注記すること。

h 役員が社外取締役(会社法施行規則第2条第3項第5号に規定する社外役員をいう。以下hにおいて同じ。)又は社外監査役(会社法第2条第16号に規定する社外監査役をいう。)(社外役員に該当する会社法第2条第15号に規定する社外取締役をいう。)又は社外監査役(会社法第2条第16号に規定する社外監査役をいう。)に該当する場合には、その旨を欄外に注記すること。

(37) コーポレート・ガバナンスの状況

[同上]

(38) 監査報酬の内容等

第二号様式記載上の注意(57)に準じて記載すること。

[加える。]

(39) 株式の保有状況

第二号様式記載上の注意(58)に準じて記載すること。

(40) 経理の状況

第二号様式記載上の注意(59)に準じて記載すること。

(41) 連結財務諸表

a 連結貸借対照表、連結損益計算書、連結損益計算書及び連結包括利益計算書又は連結包括利益計算書、連結株主資本等変動計算書並びに連結キャッシュ・フロー計算書(以下「連結財務諸表」という。)は、連結財務諸表の用語、様式及び作成方法に関する規則(昭和51年大蔵省令第28号。以下「連結財務諸表規則」という。)又は指定国際会計基準(連結財務諸表規則第93条に規定する指定国際会計基準をいう。以下同じ。)により連結財務諸表を作成した場合(同条の規定により指定国際会計基準による連結財務諸表を作成した場合に限る。)又は修正国際基準(連結財務諸表規則第94条に規定する修正国際基準をいう。以下同じ。)により連結財務諸表を作成した場合(同条の規定により修正国際基準による連結財務諸表を作成した場合に限る。(64-2)において同じ。)にあっては、それぞれ連結財務諸表、連結株主資本等変動計算書、連結損益計算書又は連結損益計算書及び連結包括利益計算書(以下「連結損益計算書等」という。)にあっては、それぞれ連結財務諸表規則第5条第1項又は第3項の規定により当該連結財務諸表に記載するところによるものとすること。ただし、連結財務諸表規則第24条第1項から第3項までの規定により提出された有価証券届出書又は連結財務諸表に記載された当連結会計年度の前連結会計年度に係る連結財務諸表(連結財務諸表規則第8条の3に規定する比較情報を除く。)について、当連結会計年度の前連結会計年度及び当連結会計年度に係る連結財務諸表を左右に配列して記載すること。

第二号様式

【表紙】
【提出書類】　有価証券届出書
【提出先】　　財務（支）局長
【提出日】　　平成　年　月　日
【会社名】
【英訳名】
【代表者の役職氏名】(3)
【本店の所在の場所】
【電話番号】
【事務連絡者氏名】
【最寄りの連絡場所】
【電話番号】
【届出の対象とした募集（売出）有価証券の種類】(4)
【届出の対象とした募集（売出）金額】(5)
【安定操作に関する事項】(6)
【縦覧に供する場所】(7)　　　　　　　名称
　　　　　　　　　　　　　　　　　　（所在地）

第一部　[略]
第二部　[企業情報]
　【第1～第3　略】
　第4　[提出会社の状況]
　　[1～3　略]

[削る。]

第二号様式

【表紙】
【提出書類】　有価証券届出書
【提出先】　　財務（支）局長
【提出日】　　平成　年　月　日
【会社名】(2)
【英訳名】
【代表者の役職氏名】(3)
【本店の所在の場所】
【電話番号】
【事務連絡者氏名】
【最寄りの連絡場所】
【電話番号】
【届出の対象とした募集（売出）有価証券の種類】(4)
【届出の対象とした募集（売出）金額】(5)
【安定操作に関する事項】(6)
【縦覧に供する場所】(7)　　　　　　　名称
　　　　　　　　　　　　　　　　　　（所在地）

第一部　[同左]
第二部　[企業情報]
　【第1～第3　同左】
　第4　[提出会社の状況]
　　[1～3　同左]
　　4　[株価の推移] (5)
　　　(1) [最近5年間の事業年度別最高・最低株価]

回次					
決算年月					
最高 (円)					
最低 (円)					

　　　(2) [最近6月間の月別最高・最低株価]

月別					
最高 (円)					
最低 (円)					

　　5　[役員の状況] (50)

男性　名　女性　名　（役員のうち女性の比率　　%）					
役名	職名	氏名	生年月日	略歴	任期	所有株式数

の定めのある場合には、当該定めに係る役員の員数を含む。）を記載すること。この場合において、当該株主総会の決議がないときは、提出会社の役員の報酬等についての定款に定めている事項の内容を記載すること。

b 取締役（監査等委員及び社外取締役を除く。）、監査役（社外監査役を除く。）、執行役及び社外役員の区分（以下bにおいて「役員区分」という。）ごとに、報酬等の総額、報酬等の種類別（例えば、基本報酬、ストックオプション、賞与、退職慰労金等をいう。以下bにおいて同じ。）の総額及び対象となる役員の員数を記載すること。

提出会社の役員ごとの報酬等の額がある場合には、提出会社の役員としての報酬等（主要な連結子会社の役員としての報酬等がある場合には、当該報酬等を含む。以下bにおいて「連結報酬等」という。）の総額及び連結報酬等の種類別の額について、提出会社と各主要な連結子会社とに区分して記載すること。ただし、連結報酬等の総額が1億円以上である者に限ることができる。）。

使用人兼務役員の使用人給与のうち重要なものがある場合には、その総額、対象となる役員の員数及びその内容を記載すること。

提出会社の役員の報酬等の額又はその算定方法の決定に関する方針の定めの有無及びその方針の内容並びに当該方針を定めていないときは、その旨を記載すること。また、最近事業年度における当該業績連動報酬に係る指標、当該指標を選択した理由及び当該業績連動報酬の額の決定方法を記載すること。

提出会社の役員の報酬等の額又はその算定方法の決定に関する方針を定めている場合には、最近事業年度に係るその役員の報酬等の額又はその算定方法の決定に関する方針の決定の権限を有する者の氏名又は名称、その権限の内容及び裁量の範囲を記載すること。

提出会社の役員の報酬等の額又はその算定方法の決定に関する方針の決定に関与する委員会（提出会社の役員（提出会社の役員の報酬等の額又はその算定方法の決定に関する方針に関して任意に設置する委員会その他これに類するものをいう。以下cにおいて「委員会」という。）が存在する場合には、その手続の概要を記載すること。）名及び委員会等設置会社にあっては報酬委員会の活動内容を記載すること。

c 提出会社の役員の報酬等の額又はその算定方法の決定に関する方針の決定に関与する委員会（提出会社の役員（提出会社の役員の報酬等の額又はその算定方法の決定に関する方針に関して任意に設置する委員会その他これに類するものをいう。以下cにおいて「委員会」という。）が存在する場合には、その手続の概要を記載すること。また、最近事業年度の提出会社の役員の報酬等の額の決定過程における、提出会社の取締役会（指名委員会等設置会社にあっては報酬委員会）及び委員会等の活動内容を記載すること。

(5) 株式の保有状況

提出会社が上場会社等である場合には、提出会社の株式の保有状況について、次のとおり記載すること。

a 提出会社の最近事業年度に係る貸借対照表に計上されている投資有価証券（財務諸表等規則第32条第1項第1号に掲げる投資有価証券及びこれに準ずる有価証券をいい、提出会社の所有に係るもので保証金代用有価証券その他これに準じて他人に担保として差し入れているものを含む。）に該当する株式（提出会社の純資産額として第二号様式記載上の注意（25）aに定めるところにより算出した額以下のもの及び保有目的が純投資目的である投資株式（保有目的が純投資目的である投資株式とは、専ら株式の価値の変動又は株式に係る配当によって利益を受けることを目的として保有する株式をいう。以下において「投資株式」という。）のうち保有目的が純投資目的以外の目的であるものの区分の基準や考え方などを記載すること。

b 保有目的が純投資目的以外の目的である投資株式（法第2条第16項に規定する取引所金融商品市場に上場されている株式に係る投資株式に限る。以下において同じ。）について、提出会社の保有方針及び保有の合理性を検証する方法並びに個別銘柄の保有の適否に関する取締役会等における検証の内容について記載すること。また、保有目的が純投資目的以外の目的である投資株式（非上場株式を除く。）とそれ以外の投資株式とに区分して、次に掲げる事項を記載すること。

(a) 銘柄数及び貸借対照表計上額の合計額

(b) 最近事業年度において株式数が増加した銘柄について、株式数の増加に係る取得価額の合計額及び株式数の増加の理由並びに当該株式数が減少した銘柄について、株式数の減少に係る売却価額の合計額

c 保有目的が純投資目的以外の目的である投資株式のうち、当事業年度及びその前事業年度のそれぞれにおいて、貸借対照表計上額（非上場株式については、取得原価。以下cにおいて同じ。）が提出会社の資本金額の100分の1を超える銘柄（当該銘柄の数の合計が60に満たない場合には、当事業年度及びその前事業年度のそれぞれにおいて貸借対照表計上額の大きい順の60銘柄に該当するもの）について、銘柄ごとに、当事業年度及びその前事業年度における株式数、貸借対照表計上額並びに保有目的、提出会社及び連結子会社の保有の合理性の検証方法及び個別銘柄の保有の適否に関する取締役会等における検証の内容並びに当該株式の発行者による提出会社の株式の保有の有無を記載すること。

d 保有目的が純投資目的である投資株式（非上場株式を除く。以下dにおいて「特定投資株式」

[加えて。]

90

株式」という。）及び純投資目的以外の目的である投資株式が信託契約に基づき委託者以外の者が議決権行使の指図を行使することができる権限（以下dにおいて「議決権行使権限」という。）を有する株式（提出会社が信託財産として保有する株式及び上場株式を除く。以下dにおいて「みなし保有株式」という。）のうち、最近事業年度及びその前事業年度のそれぞれについて、銘柄別による貸借対照表計上額（みなし保有株式にあっては、当該株式の最近事業年度末日における時価に議決権行使権限の対象となる株式数を乗じて得た額。以下dにおいて同じ。）が当該提出会社の資本金額（財務諸表等規則第60条に規定する株主資本の金額に満たない場合には、当該貸借対照表計上額の100分の1を超えるもの（当該株式で（みなし保有株式で）11銘柄以上含まれる場合には、みなし保有株式にあっては貸借対照表計上額の大きい順の10銘柄（、特定投資株式にあっては開示すべき対象となる銘柄数を減じて得た数）について、特定投資株式及びみなし保有株式のそれぞれの株式数（みなし保有株式にあってはみなし保有株式数及びみなし議決権行使権限の対象となる株式数をいう。以下dにおいて同じ。）、及び貸借対照表計上額を合算していない場合には、その旨を記載すること。

(a) 銘柄
(b) 株式数
(c) 貸借対照表計上額
(d) 保有目的（みなし保有株式の場合には、当該株式につき議決権行使権限その他提出会社が有する権限の内容）
(e) 提出会社の経営方針・経営戦略等、事業の内容及びセグメントの業績と関連付けた定量的な保有効果（定量的な保有効果の記載が困難な場合には、その旨及び保有の合理性を検証した方法）
(f) 株式数が増加した理由（最近事業年度において株式数が前事業年度における株式数より増加した銘柄に限る。）
(g) 当該株式の発行者による提出会社の株式の保有の有無

e 保有目的が純投資目的である投資株式とそれ以外の株式とに区分し、当該区分ごとに次の(a)及び(b)に掲げる事項を記載すること。また、最近事業年度中に投資株式の保有目的を純投資目的から純投資目的以外の目的に又は純投資目的以外の目的から純投資目的に変更したものがある場合には、銘柄ごとに、それぞれの区分に変更した旨及び純投資目的及び純投資目的以外の目的の別並びに当該変更の理由を記載すること。
(a) 提出会社の最近事業年度及びその前事業年度における銘柄数及び貸借対照表計上額の合計額
(b) 提出会社の最近事業年度における受取配当金、売却損益及び評価損益のそれぞれの合計額

f 提出会社が子会社の経営管理を行うことを主たる業務とする会社である場合には、次のb及びc（以下fにおいて「投資株式及びその連結子会社の連結貸借対照表における投資株式の貸借対照表計上額（以下fにおいて「最大保有会社」という。）が最も大きい会社（以下fにおいて「最大保有会社」という。）の連結貸借対照表計上額（提出会社の連結貸借対照表における投資有価証券（連結財務諸表規則第30条第2項に規定する連結貸借対照表における投資有価証券をいう。）の最近連結会計年度における連結貸借対照表計上額の3分の2を超えない場合には、dからfまでに準じて記載すること。この場合、dに規定する資本金額については、会社ごとに区分して記載することとし、bからeまでに規定する提出会社の投資株式及び最大保有会社（提出会社が最大保有会社に該当しない場合には、dに規定する「大きい順の60銘柄」は「大きい順の10銘柄」に読み替えるものとする。

金融商品取引法研究会名簿

(平成31年3月15日現在)

会　　　長	神作　裕之	東京大学大学院法学政治学研究科教授
会長代理	弥永　真生	筑波大学ビジネスサイエンス系ビジネス科学研究科教授
委　　　員	飯田　秀総	東京大学大学院法学政治学研究科准教授
〃	大崎　貞和	野村総合研究所未来創発センターフェロー
〃	尾崎　悠一	首都大学東京大学院法学政治学研究科法学政治学専攻准教授
〃	加藤　貴仁	東京大学大学院法学政治学研究科教授
〃	河村　賢治	立教大学大学院法務研究科教授
〃	小出　篤	学習院大学法学部教授
〃	後藤　元	東京大学大学院法学政治学研究科准教授
〃	武井　一浩	西村あさひ法律事務所パートナー弁護士
〃	中東　正文	名古屋大学大学院法学研究科教授
〃	藤田　友敬	東京大学大学院法学政治学研究科教授
〃	松井　智予	上智大学大学院法学研究科教授
〃	松井　秀征	立教大学法学部教授
〃	松尾　健一	大阪大学大学院高等司法研究科准教授
〃	松尾　直彦	東京大学大学院法学政治学研究科客員教授・弁護士
〃	宮下　央	ＴＭＩ総合法律事務所弁護士
オブザーバー	小森　卓郎	金融庁企画市場局市場課長
〃	岸田　吉史	野村ホールディングスグループ法務部長
〃	森　忠之	大和証券グループ本社経営企画部担当部長兼法務課長
〃	鎌塚　正人	ＳＭＢＣ日興証券法務部長
〃	陶山　健二	みずほ証券法務部長
〃	本井　孝洋	三菱ＵＦＪモルガン・スタンレー証券法務部長
〃	山内　公明	日本証券業協会常務執行役自主規制本部長
〃	島村　昌征	日本証券業協会執行役政策本部共同本部長
〃	内田　直樹	日本証券業協会自主規制本部自主規制企画部長
〃	塚﨑　由寛	日本取引所グループ総務部法務グループ課長
研　究　所	増井　喜一郎	日本証券経済研究所理事長
〃	大前　忠	日本証券経済研究所常務理事
〃	土井　俊範	日本証券経済研究所エグゼクティブ・フェロー

(敬称略)

[参考]　既に公表した「金融商品取引法研究会（証券取引法研究会）研究記録」

第 1 号「裁判外紛争処理制度の構築と問題点」　　　　　　　　2003 年 11 月
　　　　　報告者　森田章同志社大学教授

第 2 号「システム障害と損失補償問題」　　　　　　　　　　　2004 年 1 月
　　　　　報告者　山下友信東京大学教授

第 3 号「会社法の大改正と証券規制への影響」　　　　　　　　2004 年 3 月
　　　　　報告者　前田雅弘京都大学教授

第 4 号「証券化の進展に伴う諸問題（倒産隔離の明確化等）」　　2004 年 6 月
　　　　　報告者　浜田道代名古屋大学教授

第 5 号「EU における資本市場法の統合の動向　　　　　　　　2005 年 7 月
　　　　　　―投資商品、証券業務の範囲を中心として―」
　　　　　報告者　神作裕之東京大学教授

第 6 号「近時の企業情報開示を巡る課題　　　　　　　　　　　2005 年 7 月
　　　　　　―実効性確保の観点を中心に―」
　　　　　報告者　山田剛志新潟大学助教授

第 7 号「プロ・アマ投資者の区分―金融商品・　　　　　　　　2005 年 9 月
　　　　　　販売方法等の変化に伴うリテール規制の再編―」
　　　　　報告者　青木浩子千葉大学助教授

第 8 号「目論見書制度の改革」　　　　　　　　　　　　　　　2005 年 11 月
　　　　　報告者　黒沼悦郎早稲田大学教授

第 9 号「投資サービス法(仮称)について」　　　　　　　　　　2005 年 11 月
　　　　　報告者　三井秀範金融庁総務企画局市場課長
　　　　　　　　　松尾直彦金融庁総務企画局
　　　　　　　　　　　投資サービス法(仮称)法令準備室長

第 10 号「委任状勧誘に関する実務上の諸問題　　　　　　　　2005 年 11 月
　　　　　　―委任状争奪戦（proxy fight）の文脈を中心に―」
　　　　　報告者　太田洋 西村ときわ法律事務所パートナー・弁護士

第 11 号「集団投資スキームに関する規制について　　　　　　2005 年 12 月
　　　　　　―組合型ファンドを中心に―」
　　　　　報告者　中村聡 森・濱田松本法律事務所パートナー・弁護士

第 12 号「証券仲介業」　　　　　　　　　　　　　　　　　　　2006 年 3 月
　　　　　報告者　川口恭弘同志社大学教授

第13号「敵対的買収に関する法規制」 2006年5月
　　　　報告者　中東正文名古屋大学教授

第14号「証券アナリスト規制と強制情報開示・不公正取引規制」 2006年7月
　　　　報告者　戸田暁京都大学助教授

第15号「新会社法のもとでの株式買取請求権制度」 2006年9月
　　　　報告者　藤田友敬東京大学教授

第16号「証券取引法改正に係る政令等について」 2006年12月
　　　（TOB、大量保有報告関係、内部統制報告関係）
　　　　報告者　池田唯一　金融庁総務企画局企業開示課長

第17号「間接保有証券に関するユニドロア条約策定作業の状況」 2007年5月
　　　　報告者　神田秀樹　東京大学大学院法学政治学研究科教授

第18号「金融商品取引法の政令・内閣府令について」 2007年6月
　　　　報告者　三井秀範　金融庁総務企画局市場課長

第19号「特定投資家・一般投資家について―自主規制業務を中心に―」 2007年9月
　　　　報告者　青木浩子　千葉大学大学院専門法務研究科教授

第20号「金融商品取引所について」 2007年10月
　　　　報告者　前田雅弘　京都大学大学院法学研究科教授

第21号「不公正取引について－村上ファンド事件を中心に－」 2008年1月
　　　　報告者　太田洋　西村あさひ法律事務所パートナー・弁護士

第22号「大量保有報告制度」 2008年3月
　　　　報告者　神作裕之　東京大学大学院法学政治学研究科教授

第23号「開示制度（Ⅰ）―企業再編成に係る開示制度および 2008年4月
　　　　集団投資スキーム持分等の開示制度―」
　　　　報告者　川口恭弘　同志社大学大学院法学研究科教授

第24号「開示制度（Ⅱ）―確認書、内部統制報告書、四半期報告書―」 2008年7月
　　　　報告者　戸田　暁　京都大学大学院法学研究科准教授

第25号「有価証券の範囲」 2008年7月
　　　　報告者　藤田友敬　東京大学大学院法学政治学研究科教授

第26号「民事責任規定・エンフォースメント」 2008年10月
　　　　報告者　近藤光男　神戸大学大学院法学研究科教授

第27号「金融機関による説明義務・適合性の原則と金融商品販売法」 2009年1月
　　　　報告者　山田剛志　新潟大学大学院実務法学研究科准教授

第28号「集団投資スキーム（ファンド）規制」 2009年3月
　　　　報告者　中村聡　森・濱田松本法律事務所パートナー・弁護士

第 29 号「金融商品取引業の業規制」　　　　　　　　　　　　　　2009 年 4 月
　　　　報告者　黒沼悦郎　早稲田大学大学院法務研究科教授

第 30 号「公開買付け制度」　　　　　　　　　　　　　　　　　　2009 年 7 月
　　　　報告者　中東正文　名古屋大学大学院法学研究科教授

第 31 号「最近の金融商品取引法の改正について」　　　　　　　　2011 年 3 月
　　　　報告者　藤本拓資　金融庁総務企画局市場課長

第 32 号「金融商品取引業における利益相反　　　　　　　　　　　2011 年 6 月
　　　　　―利益相反管理体制の整備業務を中心として―」
　　　　報告者　神作裕之　東京大学大学院法学政治学研究科教授

第 33 号「顧客との個別の取引条件における特別の利益提供に関する問題」2011 年 9 月
　　　　報告者　青木浩子　千葉大学大学院専門法務研究科教授
　　　　　　　　松本譲治　ＳＭＢＣ日興証券　法務部長

第 34 号「ライツ・オファリングの円滑な利用に向けた制度整備と課題」2011 年 11 月
　　　　報告者　前田雅弘　京都大学大学院法学研究科教授

第 35 号「公開買付規制を巡る近時の諸問題」　　　　　　　　　　2012 年 2 月
　　　　報告者　太田　洋　西村あさひ法律事務所弁護士・NY州弁護士

第 36 号「格付会社への規制」　　　　　　　　　　　　　　　　　2012 年 6 月
　　　　報告者　山田剛志　成城大学法学部教授

第 37 号「金商法第 6 章の不公正取引規制の体系」　　　　　　　　2012 年 7 月
　　　　報告者　松尾直彦　東京大学大学院法学政治学研究科客員
　　　　　　　　教授・西村あさひ法律事務所弁護士

第 38 号「キャッシュ・アウト法制」　　　　　　　　　　　　　　2012 年 10 月
　　　　報告者　中東正文　名古屋大学大学院法学研究科教授

第 39 号「デリバティブに関する規制」　　　　　　　　　　　　　2012 年 11 月
　　　　報告者　神田秀樹　東京大学大学院法学政治学研究科教授

第 40 号「米国 JOBS 法による証券規制の変革」　　　　　　　　　2013 年 1 月
　　　　報告者　中村聡　森・濱田松本法律事務所パートナー・弁護士

第 41 号「金融商品取引法の役員の責任と会社法の役員の責任　　　2013 年 3 月
　　　　　―虚偽記載をめぐる役員の責任を中心に―」
　　　　報告者　近藤光男　神戸大学大学院法学研究科教授

第 42 号「ドッド＝フランク法における信用リスクの保持ルールについて」2013 年 4 月
　　　　報告者　黒沼悦郎　早稲田大学大学院法務研究科教授

第 43 号「相場操縦の規制」　　　　　　　　　　　　　　　　　　2013 年 8 月
　　　　報告者　藤田友敬　東京大学大学院法学政治学研究科教授

第 44 号「法人関係情報」 2013 年 10 月
  報告者　川口恭弘　同志社大学大学院法学研究科教授
      平田公一　日本証券業協会常務執行役

第 45 号「最近の金融商品取引法の改正について」 2014 年 6 月
  報告者　藤本拓資　金融庁総務企画局企画課長

第 46 号「リテール顧客向けデリバティブ関連商品販売における民事責任　2014 年 9 月
 ―「新規な説明義務」を中心として―」
  報告者　青木浩子　千葉大学大学院専門法務研究科教授

第 47 号「投資者保護基金制度」 2014 年 10 月
  報告者　神田秀樹　東京大学大学院法学政治学研究科教授

第 48 号「市場に対する詐欺に関する米国判例の動向について」 2015 年 1 月
  報告者　黒沼悦郎　早稲田大学大学院法務研究科教授

第 49 号「継続開示義務者の範囲―アメリカ法を中心に―」 2015 年 3 月
  報告者　飯田秀総　神戸大学大学院法学研究科准教授

第 50 号「証券会社の破綻と投資者保護基金　2015 年 5 月
 ―金融商品取引法と預金保険法の交錯―」
  報告者　山田剛志　成城大学大学院法学研究科教授

第 51 号「インサイダー取引規制と自己株式」 2015 年 7 月
  報告者　前田雅弘　京都大学大学院法学研究科教授

第 52 号「金商法において利用されない制度と利用される制度の制限」 2015 年 8 月
  報告者　松尾直彦　東京大学大学院法学政治学研究科
      客員教授・弁護士

第 53 号「証券訴訟を巡る近時の諸問題　2015 年 10 月
 ―流通市場において不実開示を行った提出会社の責任を中心に―」
  報告者　太田　洋　西村あさひ法律事務所パートナー・弁護士

第 54 号「適合性の原則」 2016 年 3 月
  報告者　川口恭弘　同志社大学大学院法学研究科教授

第 55 号「金商法の観点から見たコーポレートガバナンス・コード」 2016 年 5 月
  報告者　神作裕之　東京大学大学院法学政治学研究科教授

第 56 号「ＥＵにおける投資型クラウドファンディング規制」 2016 年 7 月
  報告者　松尾健一　大阪大学大学院法学研究科准教授

第 57 号「上場会社による種類株式の利用」 2016 年 9 月
  報告者　加藤貴仁　東京大学大学院法学政治学研究科准教授

第 58 号「公開買付前置型キャッシュアウトにおける　　　　　2016年11月
　　　　　価格決定請求と公正な対価」
　　　　　　　報告者　藤田友敬　東京大学大学院法学政治学研究科教授

第 59 号「平成26年会社法改正後のキャッシュ・アウト法制」2017 年 1 月
　　　　　　　報告者　中東正文　名古屋大学大学院法学研究科教授

第 60 号「流通市場の投資家による発行会社に対する証券訴訟の実態」2017 年 3 月
　　　　　　　報告者　後藤　元　東京大学大学院法学政治学研究科准教授

第 61 号「米国における投資助言業者（investment adviser）　2017 年 5 月
　　　　　の負う信認義務」
　　　　　　　報告者　萬澤陽子　専修大学法学部准教授・当研究所客員研究員

第 62 号「最近の金融商品取引法の改正について」　　　　　2018 年 2 月
　　　　　　　報告者　小森卓郎　金融庁総務企画局市場課長

第 63 号「監査報告書の見直し」　　　　　　　　　　　　　2018 年 3 月
　　　　　　　報告者　弥永真生　筑波大学ビジネスサイエンス系
　　　　　　　　　　　　　　　　ビジネス科学研究科教授

第 64 号「フェア・ディスクロージャー・ルールについて」　2018 年 6 月
　　　　　　　報告者　大崎貞和　野村総合研究所未来創発センターフェロー

第 65 号「外国為替証拠金取引のレバレッジ規制」　　　　　2018 年 8 月
　　　　　　　報告者　飯田秀総　東京大学大学院法学政治学研究科准教授

第 66 号「一般的不公正取引規制に関する一考察」　　　　　2018年12月
　　　　　　　報告者　松井秀征　立教大学法学部教授

第 67 号「仮想通貨・ＩＣＯに関する法規制・自主規制」　　2019 年 3 月
　　　　　　　報告者　河村賢治　立教大学大学院法務研究科教授

第 68 号「投資信託・投資法人関連法制に関する問題意識について」2019 年 5 月
　　　　　　　報告者　松尾直彦　東京大学大学院法学政治学研究科
　　　　　　　　　　　　　　　　客員教授・弁護士

購入を希望される方は、一般書店または当研究所までお申し込み下さい。
当研究所の出版物案内は研究所のホームページ http://www.jsri.or.jp/ にてご覧いただけます。

金融商品取引法研究会研究記録　第 69 号

「政策保有株式」に関する開示規制の
再構築について

令和元年 7 月 4 日

定価（本体 500 円＋税）

編　者　　金 融 商 品 取 引 法 研 究 会
発行者　　公益財団法人　日本証券経済研究所
　　　　　　東京都中央区日本橋 2-11-2
　　　　　　〒 103-0027
　　　　　　電話　03（6225）2326 代表
　　　　　　URL: http://www.jsri.or.jp

ISBN978-4-89032-685-3　C3032　¥500E